# 昭和ノスタルジー

スケッチ・イラストで紡ぐ「昭和」メモリー

根本圭助　編著

著者　自宅にて

# まえがき

いつだって、人の世の主役は人間でなく歳月だと思っております。

「昭和」という時代は六四年という時間からすればほぼ五〇万時間に及ぶ長い歳月を刻んで過去へと流れ去っていきました。

二代前の「明治」――これも幕末から明治へと波瀾の四四年ともいえる長い歳月でしたが、「昭和」という時代も同様に激動の時代を送り、歳月の長さは明治を凌駕しました。

つい先頃までは「明治、大正、昭和の三代を生きて……」という言葉をよく耳にしましたが、今や「昭和、平成、令和の三代を生きて」という時代を迎えました。

まさに「光陰の速やかなる白狗《はっく》の隙《げき》を過ぎるが如し」何かで読んで共鳴し、頭に残っていた文章が思わず蘇って口遊んでいました。

大きなうねりを残して、「昭和」という歳月は、多くの人々の喜怒哀楽を巨大な渦に巻き込んで過去という時代に姿を消しました。

その上歳月は人びとの記憶をすさまじい勢いで風化させていきます。

それにしても過ぎ去った歳月に対する回想は、日を追うに従い、過去の現実を何とも美しくもなつかしい思い出として心に残すもののようです。

私は昭和一〇年二月の生まれなので、令和四年で満八七歳という老人になりました。数え年で八八歳。米寿ということです。

「老いる」ということは、勿論初めて体験することで、「老人」の初心者としては、まごまごすることが多く、例えば様々な病気が突然に現れたりするのを筆頭に、予期せぬ出来事に次々と翻弄され、歳月のなかで右往左往しています。

大きな戦争がありました。戦いに敗れ、国は焦土と化しました。多くの大事な人たちとの別れも味わいました。

二度と味わいたくない想い出も沢山あるくせに、当時を思い起こすと、何やら仄暗くも不吉めいた熱を帯びた哀感が脈々と動悸しながら胸に蘇ってきます。これはまさに年寄りの愚痴であり、戯れ言と承知しながらも、私自身のオイルショック（老いるショック）に振り回されています。

　私より年上の人ならともかく、近頃は私より若い人の訃報がぽつりぽつりと舞い込んでくるようになりました。先輩や諸先生の中でいつも最年少で可愛がっていただいて来た私が、いつの間にか年長者のグループに入るようになり、それが又たまらなく切なく悲しく思う毎日を送っています。


心うきうき楽しかった時代もあった筈なのに、どちらかというと、苦しかったり悩んだりした暗い思い出のほうが多く心に残っているようです。


しかし、それらを全部ひっくるめて昭和という歳月が過去へ持ち去ってしまいました。

　明治という歳月が、いちだんとはるか遠くに去ったように、昭和という歳月も、これからはぐんぐん遠くへと去っていきます。

　その小さな残影を拾い集めて、こんな本を上梓することになりました。

　御小閑の合間に本書を開いていただいて、皆様ひとりひとりの胸に消え残りつつある昭和という歳月への挽歌のひとつと受けとめていただけたら。私としては望外の喜びとするところです。

令和四年　春の風の中で

根本　圭助

# 目次

# 第一章　小松崎茂の東京スケッチ

私の師・小松崎茂の画業の中で、若き日に描かれたこれらのスケッチは間違いなく原点と呼ぶにふさわしい作品である。

一連のスケッチは当時、人気挿絵画家として活躍していた小松崎の師・小林秀恒氏のために描かれたものである。

多忙を極め、スケッチに出かけられない師のために小松崎が自ら街に出て、「浅草研究」「隅田川の研究」「銀座・京橋」「銀座裏」「数寄屋橋」「丸の内」と称したスケッチを数多く残した。

まだ黎明期の小松崎茂二十歳、私が生まれて間もない頃の東京の風景である。

スケッチ集はその後、早逝した小林氏に代わってそのご夫人によって大切に保管され、戦後、小松崎のもとに返却された。

その後は長く小松崎家で大切に保管されてきたが、平成七年（一九九五）、火事により貴重なそのほかの作品とともに灰燼《かいじん》に帰してしまったのが悔やまれる。

本章では、小松崎が後年、若き日のスケッチを見ながら描いたカラーの作品と、過去に出版などで複製されて記録に残っていた当時のスケッチを取り上げ、あらためて師・小松崎茂の偉業をしのびつつ、活気のあった昭和の時代にふたたび思いをはせたい。

師・小松崎茂の画業の原点ともいえる貴重なスケッチ綴

昭和一一年（一九三六）佃島

昭和一〇年（一九三五）　南千住　トンネル長屋

昭和一一年　銀座尾張町

昭和一一年　千住おばけ煙突

昭和一一年　吾妻橋

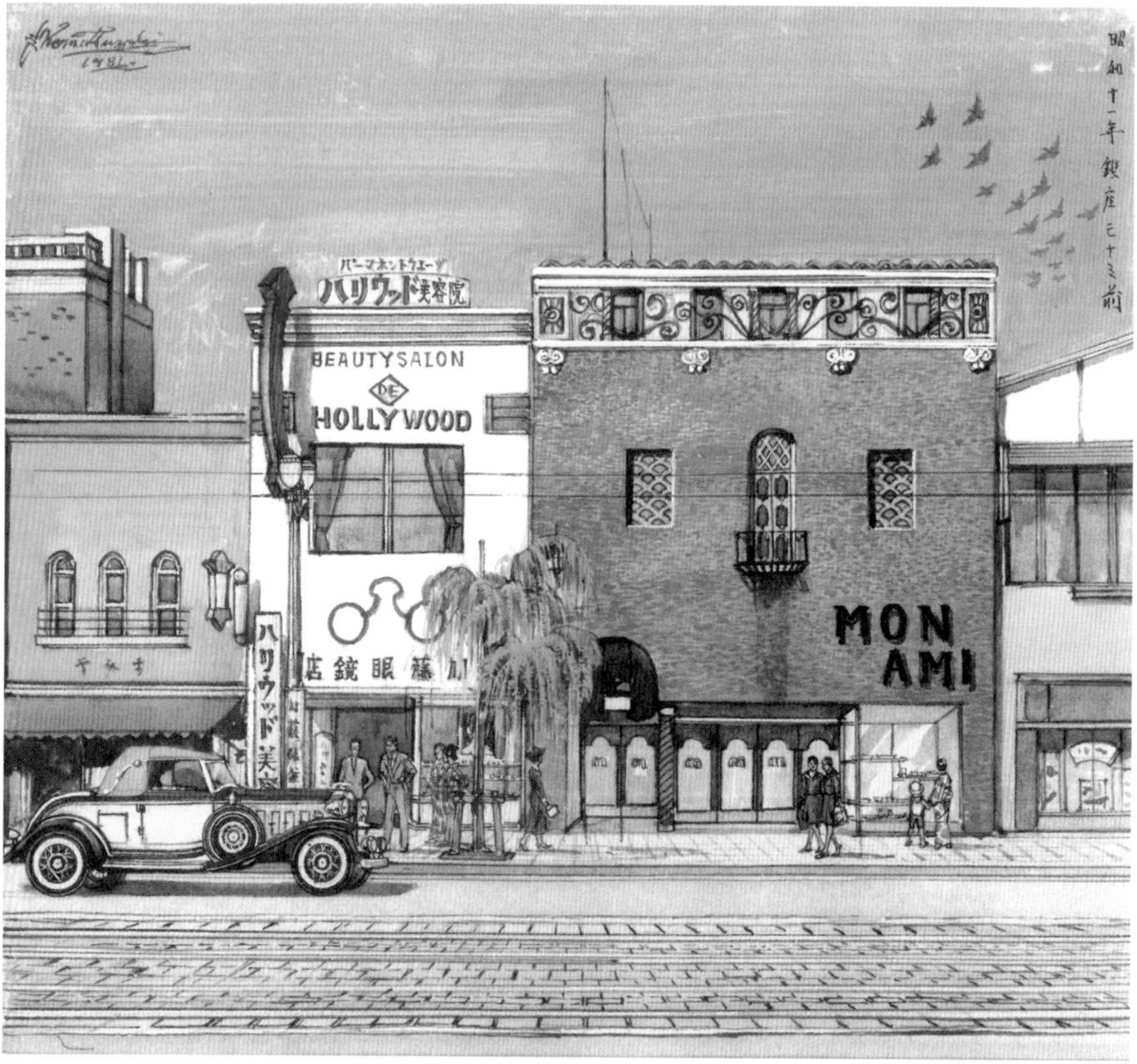


昭和一一年　銀座モナミ前

昭和一一年　尾張町（銀座四丁目）

昭和一一年　東京駅丸の内駅舎

終戦直後の浅草寺と仲見世（上）浅草六区裏通り（下）

東京花月

瓢箪池から万成座（左）花月劇場（右）を望む。
池は昭和二六年（一九五一）に埋め立てられて、現在は場外馬券売り場「ウインズ浅草」となっている

幾多の火災による焼失を乗り越えてきた浅草寺。スケッチは東京大空襲で失われる以前の徳川家光再建の貴重な堂宇である

仁王門（宝蔵門）内

本堂から仁王門（宝蔵門）を望む

浅草寺本堂前の鳩豆屋

浅草六区映画街

三友館（後のフランス座、現・浅草演芸ホール）と大勝館（手前）

寿司「大善」（左）と「びっくりぜんざい」（右）

仲見世通りから松屋を望む

大勝館（左）三友館（右）

浅草広小路（雷門通り）、地下鉄ストアの塔が見える

吾妻橋地下鉄乗り場

吾妻橋より浅草広小路を見る

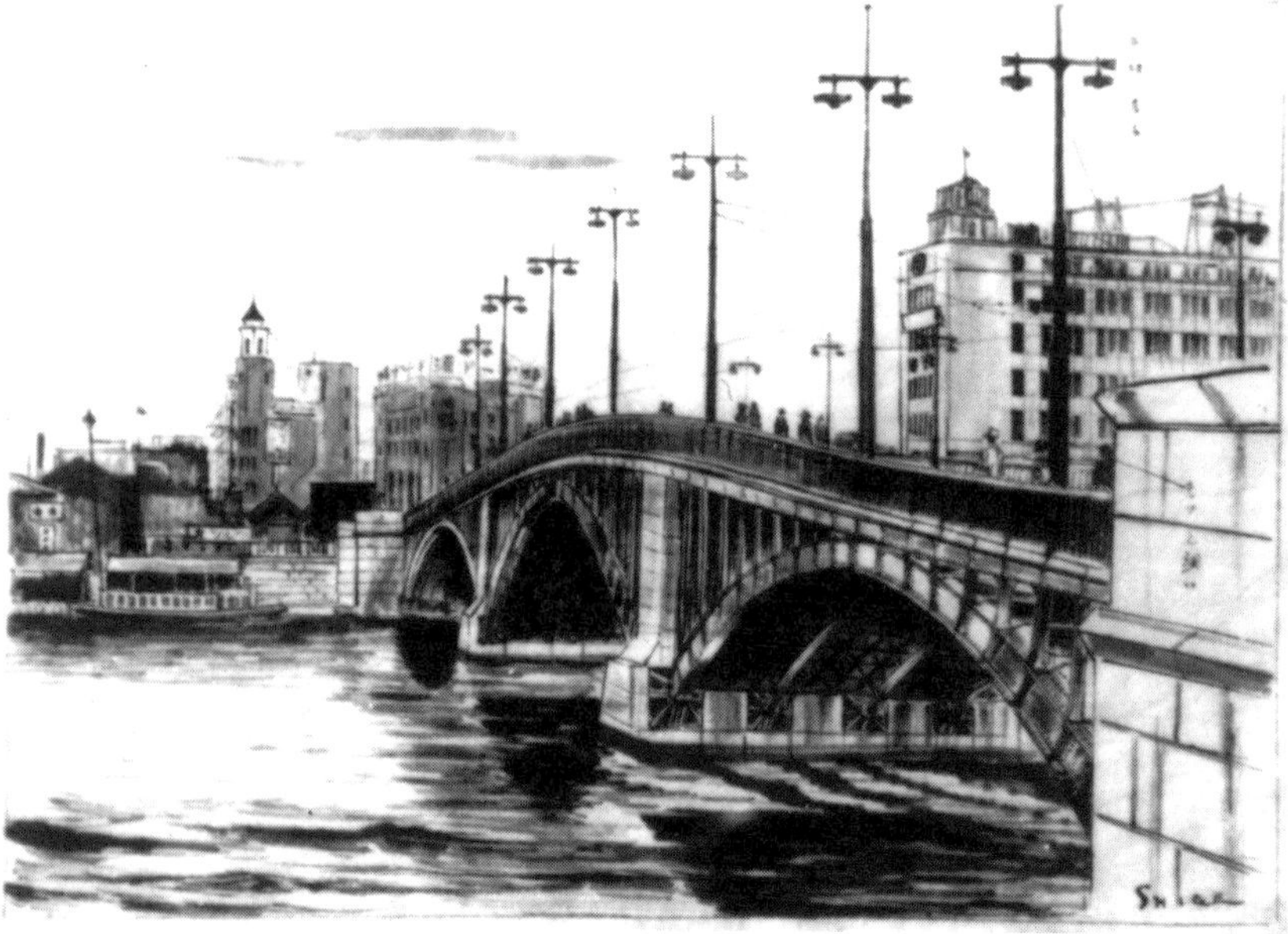

吾妻橋より浅草方面を見る、右が松屋

吾妻橋　汽船乗場

汽船の内部

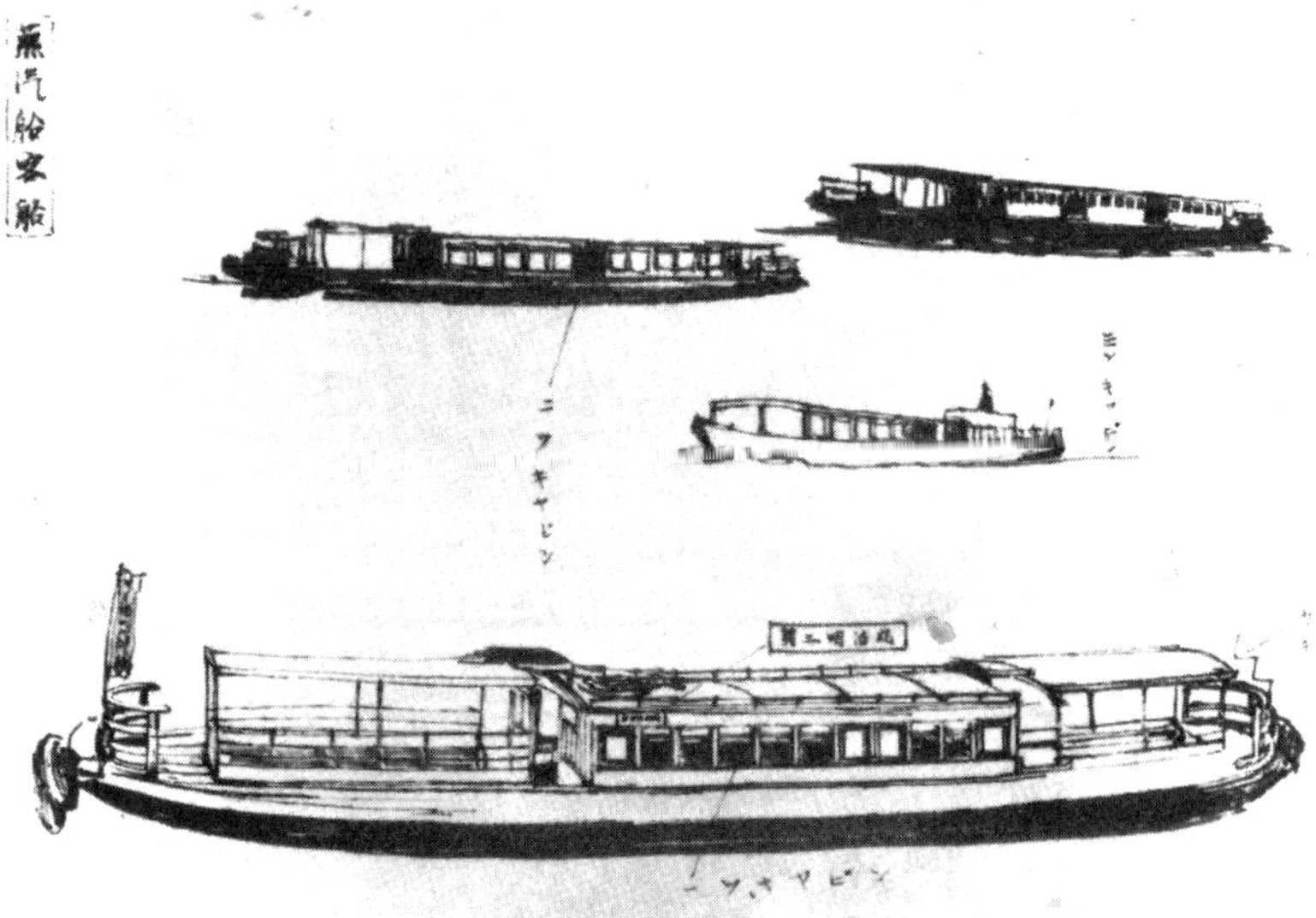


永代まで行くポンポン

数寄屋橋 日劇

泰明小学校の校庭つづきにあった綺麗な公園

日劇前

切符売場の賑い

日劇前から朝日新聞社を望む

銀座数寄屋橋、日劇と朝日新聞社（右）

靴磨き

東宝（宝塚）の生徒

東京駅（丸の内口）北側

丸ビル南側から東京駅を望む

銀座尾張町（銀座四丁目）

銀座三越と服部時計店

服部時計店横から

服部時計店横、地下鉄入口と三越

三越前地下鉄入り口

地下鉄入り口階段

銀座三越横の竹葉亭

銀座六丁目、不二家洋菓子店

銀座三丁目バス停から五丁目を望む

銀座七丁目、亀屋鶴五郎商店（飲食料品店）そばの街並

銀座五丁目、銀座ブラジル

銀座七丁目から六丁目方面を望む

不二家洋菓子店前

京橋より大根河岸側を望む

銀座五丁目、ワシントン靴店

銀座一丁目界隈

銀座六丁目、銀座コロンバン前

銀座八丁目、資生堂を望む

豪華なコロンバン入り口

銀座七丁目、銀座コンパル入り口

銀座裏（現在の銀座八丁目）、茶寮きゅうべる

銀座裏（現在の銀座七丁目）、メトロポリタン

西銀座三丁目（当時）付近

銀座五丁目、数寄屋橋近く

西銀座の小さなカフェ街

銀座コンパル付近

銀座八丁目、難波橋

銀座七丁目裏通り

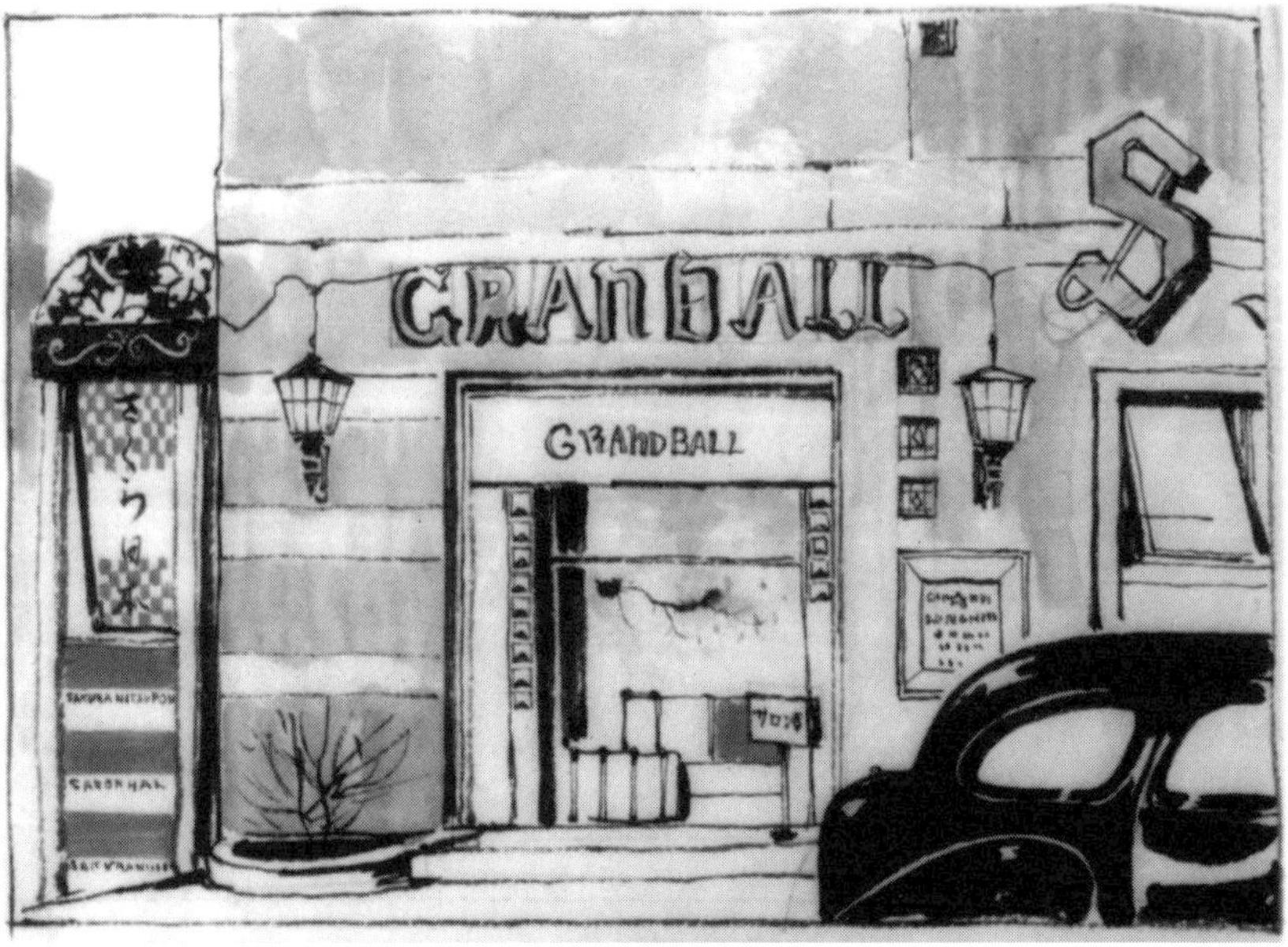

銀座六丁目の交詢社ビル近く

新橋付近

銀座裏の料理屋

# 第二章　戦前の日々

昭和の時代も遠くへ去った。

私は昭和一〇年の生まれなので、本当の意味の戦前は知らない。

昭和一二年に始まった日中戦争。私は戦争の始まりとともに生まれてきたようなものだ。

幼年、少年時代を通して、私は「軍国少年」として昭和の日々を歩きはじめたのだった。

本章にて掲げたスケッチ、イラストを手掛けた作家たちも、みな同じように戦争の苦しみを味わった人たちばかりである。

昭和の時代を戦争とともに生き、そして敗れ、悲しみの中から新たな希望を見出して私たちは必死に生きてきた。

今日に至る軌跡を今あらためてここに記すことが昭和を生きた者の責任である。

同じ過ちを決して繰り返さないためにも。

陸軍大将・乃木希典

新帝踐祚
御用邸御坐所において
天皇陛下崩御あらせられたるにつき皇室典範第十條
天皇崩ずる時は皇嗣即ち踐祚し祖宗の神器を承く
の明文により皇嗣たる皇太子裕仁親王殿下には同時刻を以て直ちに葉山御用邸なる御座所に於て踐祚あらせられ祖宗傳承の神器を承り皇位を繼承あらせられた
元號は「光文」
樞密院に御諮詢
元號制定に關しては樞密院に御諮詢あり同院において慎重審議の結果「光文」「大治」「弘文」等の諸案中左の如く決定するであらう
「光文」

## 裕仁親王践祚《せんそ》、昭和と改元

大正一五年（一九二六）一二月二五日午前三時一五分、宮中賢所にて践祚の祭典がとり行われた。

掌典《しょうてん》長が皇霊殿《こうれいでん》、神殿に奉告、同時に葉山御用邸にて剣璽渡御《けんじとぎょ》の儀がとり行われ、元号を「昭和」と改元、ここに裕仁親王は新天皇となった。

大正天皇崩御にともない、二時間後には裕仁親王の践祚の儀がとり行われた。号外で新元号は「光文」内定が報じられたが、結局「昭和」となった

## 金融恐慌起こる

第一次大戦中急激に発展した日本資本主義は、戦後の恐慌、関東大震災により大打撃を受けた。

震災手形の処理につまずき、議会で銀行の経営状態が論議されるに及んで、昭和二年（一九二七）三月一五日以来、預金の取付けがはじまり騒ぎは地方銀行にも及んだ。

加えて急成長した貿易会社鈴木商店の主力銀行台湾銀行が破産。そのあおりを受けて若槻内閣は総辞職するに至った。

かわって田中義一内閣が誕生し、蔵相となった高橋是清は、銀行の支払猶予勅令（モラトリアム）を実施、日銀に非常貸出しを行わせてようやく恐慌をくいとめた。

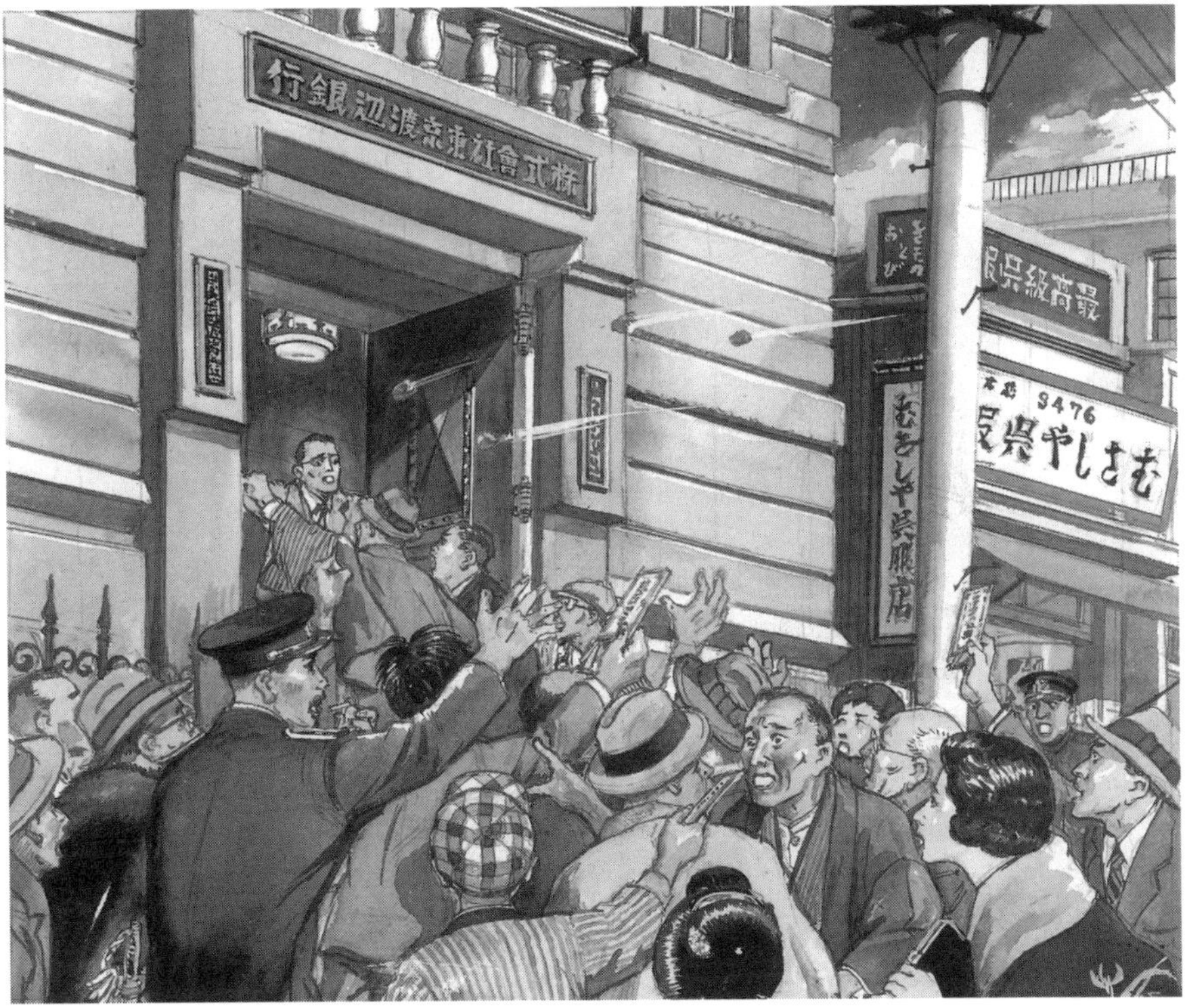


昭和二年三月、銀行の取付け騒動が起こり若槻内閣は総辞職、田中内閣にかわり高橋蔵相がようやく恐慌をくいとめた

## 芥川龍之介が自殺

昭和二年（一九二七）七月二四日未明、『羅生門』『鼻』などでデビュー、花々しい創作活動を続けていた文壇の寵児、芥川龍之介が自宅で服毒自殺した。三五歳だった。

神経衰弱が昂じ、幻覚、幻聴に襲われ分裂病的な症状に苦しみつづけた果て「ぼんやりとした不安」にとらわれての死の選択であった。

その晩年は、とぎすまされた感覚で悲痛に生と死の意味を問う精神の格闘がつづけられていた。彼が感じた「ぼんやりとした不安」は、昭和の時代の運命に対する鋭い予感だったかも知れない。

## 張作霖爆殺事件

昭和三年（一九二六）六月四日、関東軍参謀河本大作らは、満州軍閥の巨頭張作霖の乗った特別列車を奉天郊外で爆破、張を死亡させた。

張を排除して満州の即時占領を企図した軍強硬派の独走であった。『満州某重大事件』として議会で真相が追求され、田中義一首相は苦境に陥った。

田中首相は天皇に、初め陸軍内に嫌疑があるごとく奏上、後にそれを否定する奏上をしたので天皇の信任を失い総辞職した。

## 昭和三年一一月、即位の大礼

昭和三年（一九二八）一一月一〇日、京都御所にて昭和天皇の即位の大礼が、官民代表、各国大使ら三千余名が参列するなか厳粛荘重に挙行された。

午前、天皇は無文黒絹の御冠《おかんむり》に純白の帛御袍《はくのごぼう》、御表袴《おんうえのはかま》にて、賢所大前《かしこどころおおまえ》に即位を告げられる。

やがて大奥より鈴の音が響きわたり両陛下は平伏、古代さながらの御鈴《みすず》の儀を終えた。

午後は、紫宸殿《ししんでん》の高御座に昇御、古式ゆかしき衣装の皇族方の殿上に居並び、参列者を前に陛下が大礼の勅語を読む。

これに答えて田中義一首相が寿詞を奏してのち、『万歳』を三唱、百一発の礼砲が轟いて無事に式を終えた。

京都御所で厳粛荘重に行われた昭和天皇の即位の大礼

## 日本最初の地下鉄開通

昭和二年（一九二七）一二月三〇日、東京地下鉄道株式会社による日本最初の地下鉄が、浅草—上野二・二キロ間に開通した。大阪は八年五月、梅田—心斎橋三・一キロ間に。

戦後の三二年（一九五七）一一月に名古屋市の名古屋駅前—栄町二・四キロ間を皮切りに、神戸、札幌、横浜などの各都市にも地下鉄が建設されていった。

東京都内は現在一三の地下鉄路線が網の目さながらに伸びており、交通渋滞の地上にかわって、もっとも便利な都民の足となっている。

日本で初めての地下鉄が浅草—上野間に開通

## テロ事件相次ぐ

昭和四年（一九二九）三月、旧労農党代議士山本宣治が右翼によって暗殺され、五年一一月には浜口雄幸首相が右翼青年に狙撃され重傷、翌年死亡、七年（一九三二）二月には井上準之助前蔵相がピストルで射殺され、翌月には三井合名理事長・団琢磨が三井銀行入口で射殺された。

そこから元老・重臣・政党・財閥の巨頭を一人一殺主義で暗殺をはかる血盟団の存在が発覚した。

国内の不況と政局の混迷下、社会には不穏の気が高まっていた。

## 不況のどん底

昭和初期の日本は不況のどん底にあった。

各地で米騒動、小作争議が起こり、「大学は出たけれど」就職はできず、失業者が街にあふれ、東北・北海道地方は冷害、凶作のため欠食児童や娘の身売りが社会問題化した。

また、苛酷な条件で働かされる紡績工場の女たちの「女工哀史」も問題になった。

不況打開のために大陸に新天地を求める「満蒙生命線」論が浮上し、やがて軍部の大陸侵攻へと発展していく。

昭和初期の不況で農村の娘たちは都会へ売られていった

# 第三章　戦いの中で

## 満州事変勃発

昭和六年（一九三一）九月一八日、関東軍は奉天近郊柳条溝の鉄道爆破を契機に軍事行動を開始。

翌一九日には奉天、長春、四平街を占領、二日後には吉林を占領、若槻内角の不拡大声明を無視して次々に戦線を拡張、北満深く進行し、一一月にはチチハル、翌年には錦州、山海関、ハルビンを占領した。

国内不況の打開と対中ソ戦略上、軍部は満州大陸の支配をはかったのであったが、これが太平洋戦争に至る〝一五年戦争〟の発火点となった。

奉天郊外柳条溝の鉄道爆破によって、一五年戦争の火ぶたは切られた。左上は関東軍指令部の中心人物だった石原莞爾中佐

## 五・一五事件、首相殺さる

昭和恐慌下、農村の窮乏底をつき、階級闘争は激化、政治も腐敗、外に排日運動高まる中、軍部内には直接行動による国家改造を目指す動きが活発化した。

昭和五年（一九三〇）三月、橋本欣五郎中佐を中心とする桜会の将校らがクーデターを計画（三月事件）。六年一〇月にも軍部政権をめざす計画が発覚（一〇月事件）。

いずれも未遂に終ったが、七年五月一五日、ついに海軍青年将校らが決行、首相官邸、牧野内大臣邸、警視庁、政友会本部、日本銀行などを襲い、官邸では「話せばわかる」という犬養毅首相を「問答無用」と射殺した。

射殺された犬養毅首相

## ナチス・ドイツ台頭

昭和八年（一九三三）、欧州ではナチス・ドイツの躍進がめざましかった。

ヒトラー独裁政権誕生とともに、同年国際連盟を脱退、一九三五年には陸軍を五倍、海軍を四倍に拡張、ドイツはヨーロッパ一の強国となった。

ドイツ民族至上主義の一大帝国をめざすヒトラーの獅子吠えによって、やがてナチズムが全ヨーロッパ侵略への道を突進することになるのであった。

ハーケンクロイツ（鉤十字）の党旗を押し立て行進するナチ党員。壇上ではヒトラー総統が激しい調子で演説

## 二・二六事件起こる

昭和一一年（一九三六）二月二六日早暁、東京歩兵第一、第三連隊、近衛第三連隊等二二名の青年将校は一四〇〇余名の兵をひきいて、首相官邸はじめ警視庁、朝日新聞社等を襲撃し、斎藤内大臣、高橋蔵相、渡辺教育総監らを殺害。国会議事堂、陸軍省、参謀本部を含む永田町一帯を占領した。

翌二七日に戒厳令が布かれ、二九日には「今からでも遅くないから原隊に帰れ」とのビラがまかれ、蹶起部隊は「反乱軍」として鎮定された。

二・二六事件の主要人物、左から香椎浩平戒厳司令官、侍従長鈴木貫太郎（重傷）、首相岡田啓介（難を免る）、首相に間違われ殺された松尾伝蔵大佐、教育総監渡辺錠太郎（死亡）、蔵相高橋是清（死亡）、内大臣斎藤実（死亡）、青年将校らの黒幕、国家社会主義者の北一輝（死刑）

## 日本、国際連盟を脱退

国際連盟は日本の満州での行動を調査するためリットン調査団を派遣、昭和八年（一九三三）「リットン報告書」が発表された。

　これは日本の権益を全面的に保障するものであったが、満州そのものになお中国の主権を認めていた。日本はこれに反論、山海関を占領、熱河省をも満州領土として攻撃、連盟を刺激した。

　二月末の連盟総会には松岡洋右代表が出席、対日勧告案に反対、席を蹴って退場、三月二七日に日本政府は国際連盟脱退を通告した。

## 日中戦争起こる

昭和一二年（一九三七）七月七日、北京郊外蘆溝橋の銃声に端を発し、日本軍の中国大陸侵略への火ぶたが切られた。

同二十九日には北京・天津を占領、一二月には南京を攻略、戦線はさらに拡大。徐州を攻略、武漢三鎮、広東を占領したが、日本軍の作戦はほぼ限界に達し、以後、広大な地域を点と線で維持するのに精いっぱいとなった。

一三年には国家総動員法が議会を通過、政府は経済統制を強化するとともに国民精神総動員運動をはじめ、国民は物心両面で厳しい戦時態勢に追いこまれた。

日本軍は開戦5か月目に南京を占領した。「往けど進めど麦また麦……」の徐州へ向け行軍する日本軍

## 厳しくなった銃後の生活

戦争は長びき赤紙一枚で男たちは次々に戦場へと狩り出された。

令状を受けた父を、夫を、兄を送り出す家族たちは、武運長久の願いをこめて街頭に出て千人針を集めた。

これは「虎は千里走って千里を戻る」という故事にちなむもの。

布に五銭玉を縫いつける人もいた。「死線を越える」という意味だった。

戦争とともに銃後の生活もまた厳しくなった。生活用品は欠乏し、衣料品はキップ制、酒も煙草も配給制となった。

小学・中学では勤労奉仕が多くなり軍隊式の教育となった。

戦地に出ていく夫の無事を祈りこどもを背負って千人針を頼む妻。派手な服装の女は街頭で巡査に注意された（右）

出征の日は、戦地に赴く人びとを近所総出で送り出す。今生の別れになるかもしれないという思いをそれぞれが抱きながら（上）

昭和十四年五月二十二日
青少年學徒ニ賜ハリタル勅語
國本ニ培ヒ國力ヲ養ヒ以テ國家隆昌ノ氣運ヲ永世ニ維持セムトスル任タル極メテ重ク道タル甚ダ遠シ而シテ其ノ任實ニ繫リテ汝等青少年學徒ノ雙肩ニ在リ汝等其レ氣節ヲ尚ビ廉恥ヲ重ンジ古今ノ史實ニ稽ヘ中外ノ事勢ニ鑑ミ其ノ思索ヲ精ニシ其ノ識見ヲ長ジ執ル所中ヲ失ハズ嚮フ所正ヲ謬ラズ各其ノ本分ヲ恪守シ文ヲ修メ武ヲ練リ質實剛健ノ氣風ヲ振勵シ以テ負荷ノ大任ヲ全クセムコトヲ期セヨ

## 「青少年学徒ニ賜ハリタル勅語」

日中戦争開始以来、国民精神総動員運動をはじめた政府は「八紘一宇」「挙国一致」「堅忍持久」などのスローガンを掲げる。

「日の丸弁当」や「勤労奉仕」などを児童・生徒に強制しはじめ、昭和一四年（一九三九）五月二二日には『青少年学徒ニ賜ハリタル勅語』を発布、小学校児童、中等学校生徒らに改めて国策の自覚を促した。

この勅語は『教育勅語』よりも短かくリズム感ある文体のため、覚えやすく児童生徒たちはすぐ暗唱できた。

航空機に援護された戦車部隊を先頭に猛スピードで侵攻するドイツ軍の電撃作戦

## 第二次世界大戦はじまる

昭和一四年（一九三九）九月一日、ドイツ機動部隊はポーランドに侵入、二日後、英仏はドイツに宣戦、ここに第二次世界大戦がはじまった。

ポーランドは数週間で壊滅、ドイツ軍は翌年四月、デンマーク、ノルウェーを占領、五月、オランダ、ベルギーを攻撃、連合軍をダンケルクまで追いつめ、六月にパリを占領、フランスを降伏させた。

その間にイタリアが参戦。ドイツは英本土空襲をつづける一方、一九四〇年バルカンへ進出、ルーマニア、ブルガリア、ユーゴスラビアを制圧、翌一六年対ソ攻撃を開始した。

帝国連合艦隊・陸奥／伊勢／扶桑／榛名／金剛

## 日独伊三国同盟の締結

ヨーロッパ戦線でのドイツのめざましい電撃戦の勝利は、日本の支配層に大きな影響を与えた。

その一元政治の強力なエネルギーと作戦展開から多くの示唆を受け、ドイツ占領下の蘭仏領東南アジア植民地を手に入れる千載一遇の好機を逃すことはないとの意見が台頭した。

かくて昭和一五年（一九四〇）九月二七日、ドイツ入りした松岡外相はベルリンにおいて日独伊三国同盟条約に正式調印した。

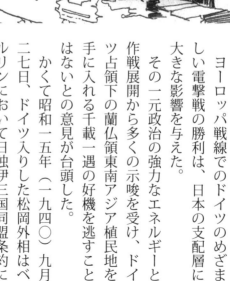

## 大政翼賛会の誕生

欧州戦線での驚異的なドイツ勝利の源泉がナチスによる国民の一元的組織化にあるととらえた日本の支配層は、一国一党の実現をめざし、昭和一五年（一九四〇）一〇月「大政翼賛会」を発足させた。

近衛首相を総裁に、各府県知事が地方支部長となり、戦争体制確立のための改革に乗り出すものであった。中央から地方まで、社会生活の端々にまで「上意下達」の網がはられ、国民が政治を批判する道はいっさい閉ざされた。

昭和一五年、近衛文麿を総裁に大政翼賛会が結成された

## 真珠湾奇襲・日米開戦

昭和一六年一二月八日未明（ハワイ時間七日朝）、六隻の空母から飛び立った日本海軍航空隊が艦攻、艦爆を開始。第一次攻撃隊一八三機、第二次攻撃隊一六七機の零戦機は二度にわたりハワイ・オアフ島を奇襲。

碇泊中の米戦艦八隻、巡洋艦など八隻が撃沈または大破し、飛行機三〇〇機を撃破した。

また航空隊と呼応して、五隻の特殊潜航艇が決死攻撃、乗員九名は生還しなかった。

戦死した岩佐大尉らは二階級特進、「九軍神」としてあがめられた。

昭和一六年一二月八日未明、真珠湾攻撃に飛び立つ日本海軍雷撃機（上）と真珠湾を奇襲する日本軍機（左）

秘密裏に進められた超弩級戦艦「大和」の竣工。その威風もわずか五年で海に消えた

## ミッドウェー海戦

昭和一七年（一九四二）六月五日、日本軍は太平洋上前哨地点としてのミッドウェー島攻略をめざし、米機動部隊を誘致し艦隊決戦を挑むため、連合艦隊は空母七、戦艦一一、巡洋艦二三、その他一九〇隻をもって米機動艦隊と激突。

米空母一、駆逐艦一隻を撃沈する一方、日本軍は赤城はじめ空母四、重巡一隻、航空機二五三機を失い、米側の戦死三〇七に対し練達のパイロットを含む三五〇〇名を失う大敗北だった。

日本軍の暗号が解読されていたことによる敗北であった。これによって戦況は完全に米側ペースに移向した。

ミッドウェー海戦　アメリカ艦載機の攻撃を受ける日本の空母

ペンを銃にかえて……学生たちも戦場へ

## 学徒出陣

東条内閣は長期戦下の兵力消耗に対処するため昭和一八年（一九四三）九月、大学、高等学校文科系学生の徴兵延期を停止、一二月以降陸海軍に入隊させた。

東京では同月二一日、神宮競技場で東条首相出席の下、出陣学徒壮行会が行われた。

「生らもとより生還を期せず」と代表が答辞、雨中全員が分列行進をして出発した。学徒兵の総数一三万人、特攻隊員となって散華したものも少なくなかった。

## 女学生も工場へ

兵器生産が急務のため、政府は国民徴用令を実施。

平和産業部門に従事する男子を強制的に軍事産業に動員、昭和一八年(一九四三)には「学徒勤労動員令」を決定した。

また未婚の一般女子による勤労挺身隊を組織し、中等学校生徒、女学生も含め文字通り根こそぎ動員し「一機でも多くの飛行機を！　一艦でも多くの軍艦を！」をスローガンに、夜を日についでの生産に励んだ。

このころ「ああ、紅の血は燃ゆる」の学徒勤労動員の歌が流行した。

一般女性や女学生たちも動員され工場で兵器生産に励んだ

## 灯火管制・代用食

戦局は厳しくなり、隣組での防空演習などもしばしば行われた。

　電灯を黒布で覆い、戸締まりを厳重にして、警報が解除されるまで家族一同ひっそり息をのんで待機する灯火管制の憂鬱な夜。リレー式でバケツ運びする消火訓練。そして逼迫してくる食糧不足――イモ、カボチャなどの代用食。各家庭では配給の玄米を一升ビンに入れ棒で搗く自家精米が流行した。

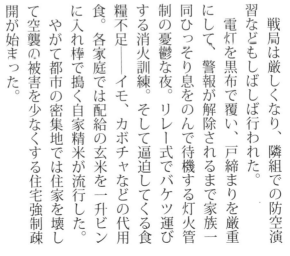

　やがて都市の密集地では住家を壊して空襲の被害を少なくする住宅強制疎開が始まった。

防火訓練や竹ヤリ訓練に狩り出され、家庭内では一升ビンでの自家精米が流行した

親元を離れ、幼い子どもたちは遠い農村地帯での生活を余儀なくされた

## 学童集団疎開

本土空襲必至と見た政府は昭和一九年（一九四四）三月から学童の縁故疎開をすすめ、夏からは縁故のない児童を集団疎開させた。また一般老人や婦女子の農村地帯への疎開も増えた。

疎開児童は四五万人を越え、また一般人の疎開のため首都東京の人口は六六六万人から二〇年六月には二五四万人に減少していた。

集団疎開児童たちは食料不足で慢性的な飢餓状態に陥りながら苛酷な疎開生活に耐えた。

東京空襲、炎の中を逃げまどう一般市民

## Ｂ２９の本土空襲

サイパンはじめマリアナ諸島に大型基地を建設した米軍は、昭和一九年（一九四四年）末から「超空の要塞」といわれた長距離爆撃機Ｂ２９の成層圏飛行による日本本土爆撃を開始。

最初は軍事施設と軍事工場のみを目標にしていたが、やがて一般市民に対する焼夷弾による無差別爆撃に方向転換、六大都市はもちろん中小都市を含め九〇以上の都市を次々に空襲した。

毎夜、大編隊で来襲、波状攻撃で市街地を〝じゅうたん爆撃〟した。

壕の中で抗戦する兵士と恐怖に怯える島民たち。上陸した連合国軍と直接対峙することになった沖縄戦では、多くの住民が非業の死を遂げた

小松崎茂が谷中のアパートの窓から見た東京大空襲の光景。絵には、「――凄絶というか、凄惨というかすさまじい大パノラマを見た。地獄であった」と記している。
右手は小松崎茂の生家がある南千住、左手は尾久の街並。北千住の「お化け煙突」も見える

**船艦大和ついに沈没**

昭和二〇年（一九四五）四月七日、沖縄特攻に出撃中の戦艦大和は米艦載機二〇〇機以上の集中攻撃を受け、爆弾五発と魚雷一〇本が命中、二時間後、火薬庫が大爆発、数千メートルの噴煙を吹き上げて沈没した。

排水量は六万五千トン、世界最強の超弩級戦艦もほとんど本領を発揮する機会を持たずあえなく撃沈された。

日本海軍のシンボル的存在を失い、連合艦隊はここに全く壊滅したのであった。

九州南西海上で米機の集中攻撃を受ける船艦「大和」

## ポツダム会議

ドイツの降伏によって欧州での戦争が終結し、米・英・ソ三国の巨頭はベルリン郊外のポツダムに集まり、ただ一国徹底抗戦を叫ぶ日本への対策を協議した。

ソ連の対日参戦確約と史上初の原爆実験成功を確認し強気になった米大統領トルーマンの主導で、昭和二〇年（一九四五）七月二六日、日本降伏を呼びかける最後通告としての共同宣言を発表した。

それは軍国主義の除去、日本本土の占領、領土の縮小、戦犯の処罰、全軍隊の無条件降伏などをあげていた。

ポツダム会議に出席の左からチャーチル英首相、トルーマン米大統領、スターリンソ連首相

## 広島、長崎に原爆投下

昭和二〇年（一九四五）八月六日午前二時、原爆搭載機エノラ・ゲイ号ほか二機はテニアン北飛行場を離陸し日本本土をめざした。

午前八時一三分広島上空にて原爆を投下。五〇秒後に大爆発を起こし、きのこ形の雲柱を一万七千メートルの高さにまで噴き上げた。

市街は一瞬にして廃虚と化し一四万人が死亡。人類史上初めての原爆による無差別殺傷であった。

三日後の九日、二発目の原爆が長崎に投下。七万四千人が即死した。

広島上空に炸裂した原子爆弾で一瞬にして廃虚と化した広島。焼けただれた産業奨励館は「原爆ドーム」として保存

## 昭和二〇年八月一五日

この日、日本全土は快晴、連日の空襲警報のサイレンもぴたりと止まり、不気味に静まり返っていた。

正午に天皇の重大放送があることを告げられ、国民は直立不動の姿勢でラジオの前に立った。

初めて聞く天皇の肉声は雑音にまぎれて非常に聞きとりにくかった。

その中から「忍び難きを忍び……」という言葉が聞こえた。

放送が終っても、ほとんどの者はそれが「無条件降伏」とは理解できなかった。しかし何となく戦争が終ったらしいことを感じ、それぞれがひそかに複雑な思いにひたった。

ラジオの声が敗戦のメッセージであることを理解した人びとはその場に立ち尽くしさまざまな思いにひたった（右）

天皇の放送を聞いたのち宮城前にかけつけ平伏する市民たち（上）

ミズーリ号艦上での降伏調印式

## 降伏調印

昭和二〇年（一九四五）九月二日、横浜沖に停泊中の米戦艦ミズーリ号上で日本代表重光葵外相、梅津美治郎陸軍大将らと米英ソ豪カナダなど連合国八か国側代表団との降伏文書調印が行われた。

長かった戦争はここに完全に終焉《しゅうえん》し、この日から日本全土は連合軍の占領下に入った。

苦しかった戦争は終わった。廃虚の中から人たちは新しい時代に向かってふたたび歩みはじめる

## 廃墟の国土

戦争は終わった。「一億玉砕」「本土決戦」にひたすらかりたてられていた国民は呆然となっていた。

都市は廃墟と化し、工場は破壊され、物資は極度に欠乏し、五世帯に一人が肉親を失った。

多大の犠牲を払って、第二次世界大戦は終焉した。

第二次大戦死傷者数
日本　三一〇万人
中国　一三〇六万人
アメリカ　六八万人
イギリス　九三万人
ソ連　一八〇〇万人
ドイツ　九二八万人
イタリア　四五万人

# 第四章　敗　戦

四輪駆動のジープを連ねて進駐して来たアメリカ兵は陽気だった

## 連合国軍進駐

昭和二〇年（一九四五）八月三〇日、旧海軍航空基地・厚木飛行場に黒メガネ、コーンパイプをくわえた連合国軍最高司令官マッカーサー元帥が降り立った。

元帥一行はいったん横浜に移住したが、九月八日に東京進駐、日比谷皇居濠端にある第一生命ビルに連合国軍総指令部（ＧＨＱ）を置いた。

皇居と議事堂を見下ろす屋上には星条旗がひるがえった。

## 復員兵、引揚げ者が帰国

戦争は終わってもアジアの広大な地域には三一〇万の陸海軍兵士と三一八万人の一般邦人が残された。

兵士は武装解除され、一部は戦犯として現地で死刑や服役の運命をたどり、そのほかの者は復員船により祖国への帰還を開始。しかし中国大陸では内戦にまきこまれ復員が遅れ、満州の関東軍兵はソ連軍によってシベリアに長期間抑留された。

満州、北朝鮮などの在留邦人は家財を捨てての逃避行に悲惨この上ない体験をして、ようやくの思いで引揚げたものの、途中飢えと寒さのために一三万五千人以上が死亡した。

帰ったわが家は廃墟になっていた。それでも家族の無事な姿に喜びを隠せなかった

## 闇市時代

廃墟の街に闇市が出現した。金さえ出せば物資が何でも手に入った。

古着、軍靴、金物、時計、軍手、ふかし芋、しる粉、うどんなどあらゆるものが露店に並び、終日にぎわった。

栄養失調の体をひきずりながらわずかな金をはたき、ようやく食事にありつくことができた。

抑圧からの解放が生んだ「カストリ雑誌」

## 新煙草ピース発売

昭和二一年（一九四六）一月、新煙草「ピース」が発売された。日曜祭日のみ一人一箱ずつ販売、一〇本入り七円だった。

アメリカのデザイナーに高いデザイン料を払っただけあって、平和のシンボル、鳩をあしらったシンプルな意匠は非常に新鮮な印象を与えた。

香りも甘くエレガントな紫煙に、人たちは新たな時代の味を感じた。

## 婦人参政初の総選挙

昭和二〇年（一九四五）一二月一七日、参議院議員選挙法改正が公布され、初めて婦人参政権が認められた。

翌二一年四月一〇日、戦後初の総選挙が行われ、社会主義者や共産党員も立候補したが、鳩山一郎の自由党が第一党となった。

また初めての女性票を集めて、三九人もの多数の婦人議員が誕生した。

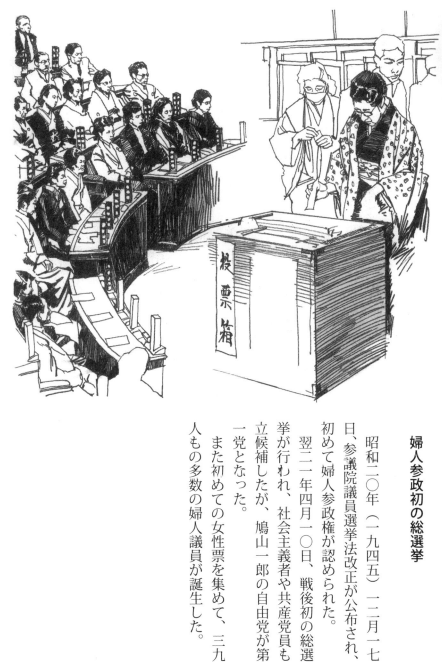

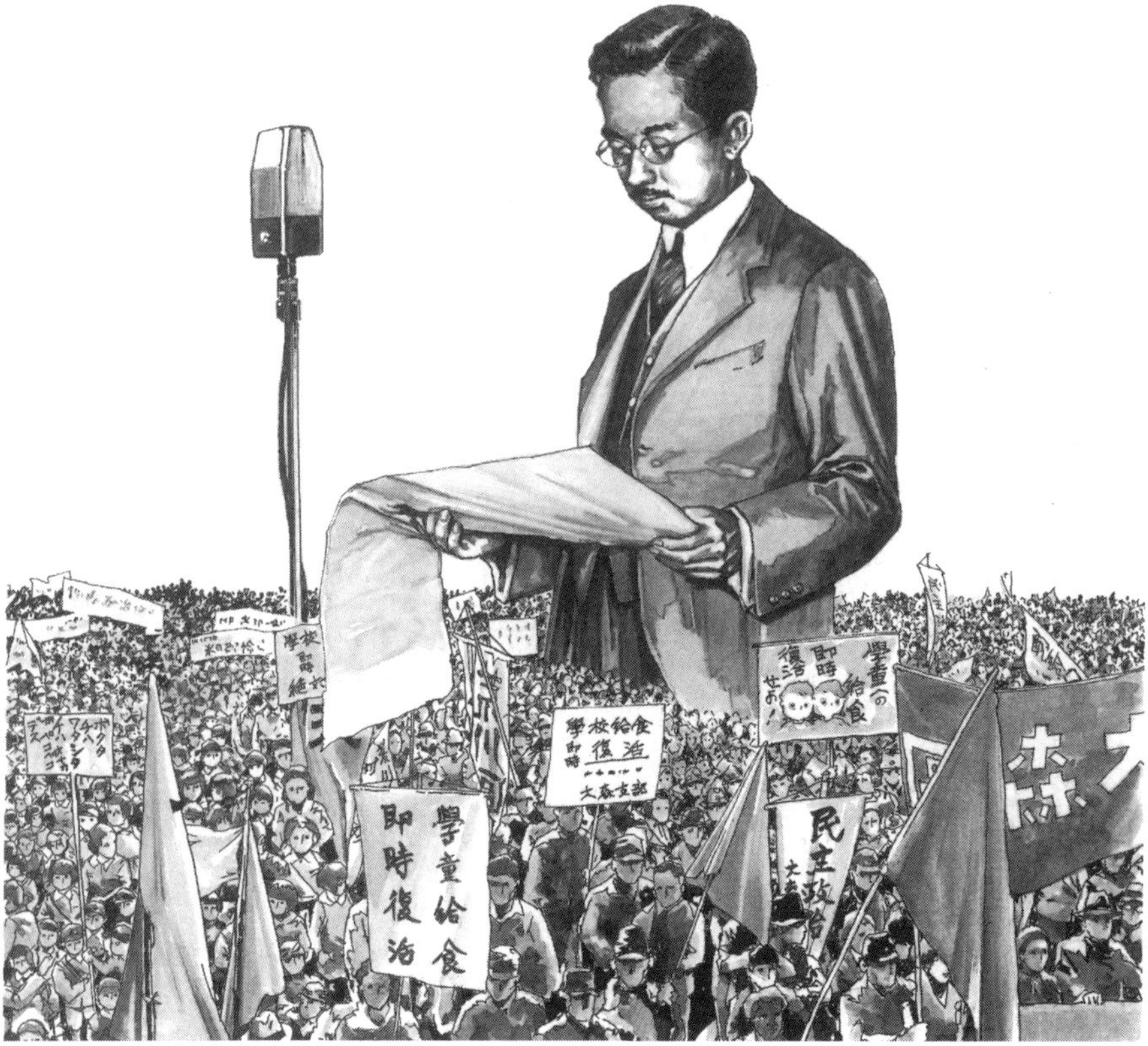


## 米よこせ皇居デモ

昭和二〇年（一九四五）の米の収穫量は明治末年以来の大凶作となり、加えて外地からの引揚者によって、未曾有の食糧危機となった。配給米の遅配欠配は日常化し、国民は餓死寸前であった。

翌二一年五月一二日、「米よこせ」を叫ぶ市民が赤旗をふって宮城内に入り、「天皇の台所公開、宮廷内の食糧を人民管理へ」を決議、一九日には「食糧メーデー」が開かれ二五万人が参加した。

二一年五月一九日、二五万人が参加して食糧メーデーが開かれた

戦争放棄をうたった画期的な新憲法は昭和二一年一一月三日に公布された

## 新憲法施行

昭和二一年（一九四六）一一月三日、新しい「日本国憲法」が公布された。「象徴天皇制」と「戦争の放棄」を柱に「主権在民」をうたった画期的な新憲法の誕生であった。

これは総司令部が作成し日本政府に押しつけたものであったが、これによって天皇の統治権総攬《そうらん》という明治憲法の原則を貫こうとした政府案は吹っ飛んでしまった。

↑400m世界新記録樹立の表彰状
(S.24 ロサンゼルス)

800m・1500mの各世界記録樹立時の表彰状

## フジヤマのトビウオ活躍

昭和二二年（一九四七）八月九日、日大水泳部古橋広之進は招待された全米選手権の四〇〇メートル自由形で四分三八秒四の世界新記録を樹立した。

敗戦で打ちひしがれていた日本国民が初めて聞く明るいニュースだった。

古橋は以後、全米選手権一五〇〇メートル自由形で世界新、八〇〇メートル自由形に優勝するなど二年間に二三回の新記録を出し、「フジヤマのトビウオ」の愛称で世界中に知られることになる。

## 浮浪孤児たち

空襲で肉親を失った身寄りのない子どもたちが駅や地下道にいた。

ボロボロの服を着て夜は地下道で眠り、昼は物乞い、タバコの吸がらを集める「モク拾い」、靴みがき、新聞売りなどをして、どん底生活を送る戦災孤児たちだった。

昭和二一年（一九四六）夏、敗戦後一年にもなるのに、それら〝家なき児ら〟は全国になお四千人もいた。

翌二二年七月から始まった人気ラジオ・ドラマ「鐘の鳴る丘」は、施設に収容されたこれら孤児たちが主人公だった。

## 少女歌手美空ひばり登場

昭和二三年（一九四八）五月、わずか一〇歳の少女歌手が横浜国際劇場でデビューした。

子どもながら大人の流行歌を巧みに心情をこめてうたうその歌いっぷりは、物珍しさもあって、またたく間に人気を博した。

こましゃくれた生意気さを感じる人も多かったが、歌のうまさにはみんな感心した。二四年には「悲しき口笛」のレコードを出し、一挙に一〇万枚も売り、人気歌手の地位を確立した。

## 東条ら戦犯に死刑判決

二三年（一九四八）一一月一二日、極東軍事裁判は東条英樹元首相らA級戦犯二八名に判決を下した。

東条英樹、広田弘毅、土肥原賢二、板垣征四郎、木村兵太郎、松井石根、武藤彰の七名が絞首刑、木戸幸一ら一六名が終身禁固、岸信介、児玉誉士夫、笹川良一ら一九人は釈放となった。

七人の絞首刑は一二月二三日に執行された。

死刑判決を受けた前列左から板垣征四郎、武藤彰、広田弘毅、東条英樹、後列左から松井石根、木村兵太郎、土肥原賢二

## 下山・三鷹・松川事件

昭和二四年（一九四九）七月四日、国鉄は第一次人員整理三万七〇〇〇人を発表した。

その翌日、常磐線北千住―綾瀬間で国鉄総裁の下山定則の轢死体が発見された。

さらに同月一五日、中央線三鷹駅で無人電車が暴走、死者六人を出す。翌月一七日、東北本線松川―金谷川間で列車転覆、三人が死亡。

この時期、原因不明の国鉄事件が集中的に起こった。

三鷹事件は犯人死刑、下山事件、松川事件は真犯人不明、いずれにしても奇怪な事件であった。

国鉄総裁下山定則と轢死体が発見された常磐線の現場、下左は三鷹事件、下右は松川事件現場

## 湯川秀樹ノーベル物理学賞受賞

昭和二四年（一九四九）一一月三日、湯川秀樹博士が中間子論でノーベル物理学賞を受賞。日本最初のノーベル賞の受賞である。

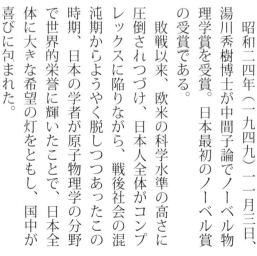

敗戦以来、欧米の科学水準の高さに圧倒されつづけ、日本人全体がコンプレックスに陥りながら、戦後社会の混沌期からようやく脱しつつあったこの時期、日本の学者が原子物理学の分野で世界的栄誉に輝いたことで、日本全体に大きな希望の灯をともし、国中が喜びに包まれた。

昭和二四年、日本人で初めてノーベル賞を受賞した湯川秀樹博士

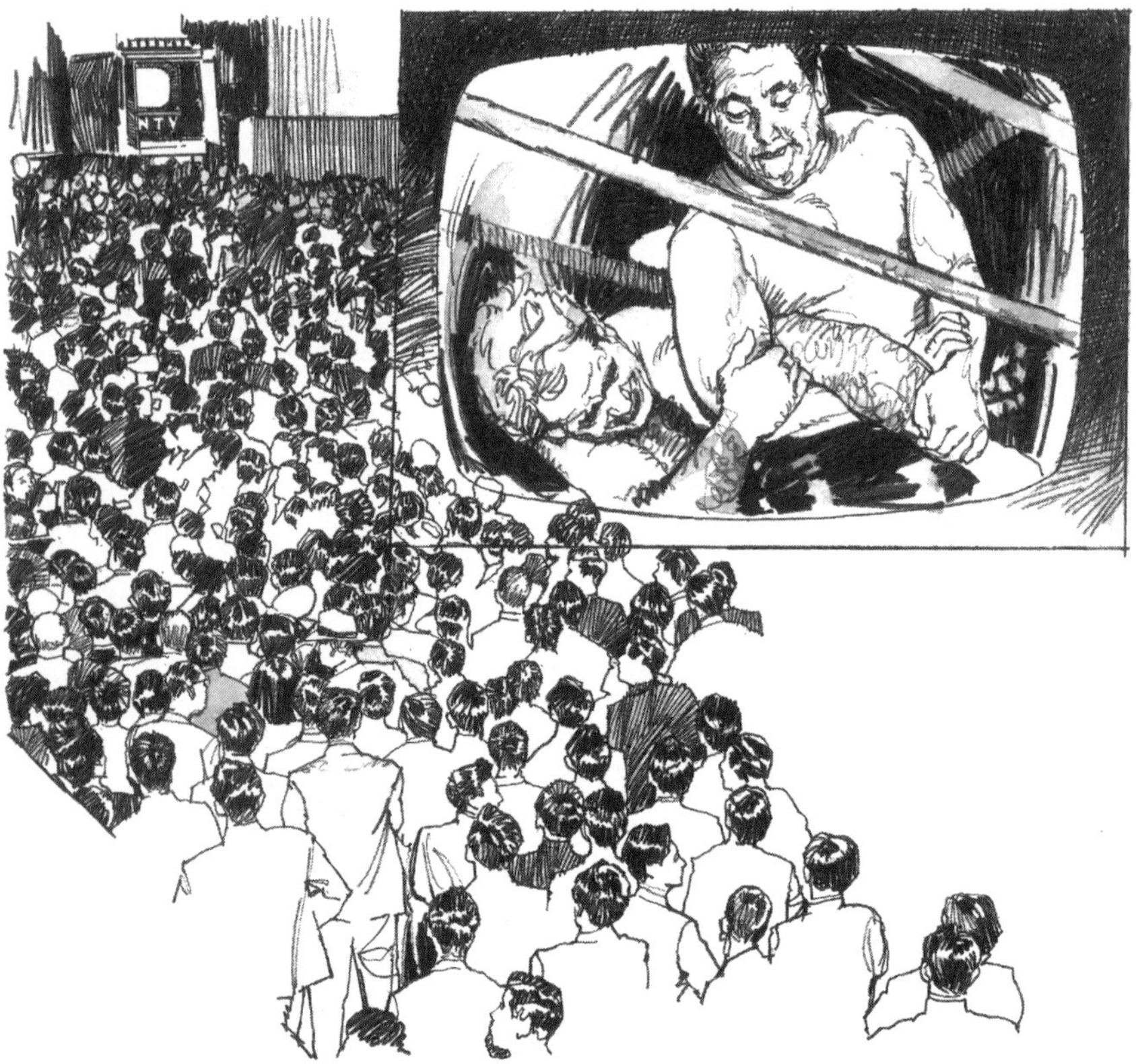


## テレビ放送はじまる

昭和二八年（一九五三）二月一日、NHKテレビの本放送が始まり、八月には民放初の日本テレビの放送も開始された。

受像機は最初ターミナルなど街頭に設置され、その前はいつも群集で埋まった。その場に居ながらにして見られる大相撲やプロレスに大衆は興奮した。

やがて受像機は喫茶店、食堂などから一般家庭へと急速に広まり、特にプロレス実況に人気が集中、力道山が大男の外人レスラーを次々にぶっ倒すシーンは、日本人の外国人コンプレックスを吹きとばし、力道山はまさに戦後最高のヒーローとなった。

電化製品の普及で日本人の生活もすっかり近代化された

## 家庭電化時代始まる

戦後一〇年、日本経済は急速に復興し、ラジオ、テレビ、電気洗濯機、電気掃除機、電気冷蔵庫など電化製品が大量生産システムでどんどん出回り始めて一般家庭でも使われるようになった。

洗濯機、冷蔵庫、掃除機は家庭電化の〝三種の神器〟と呼ばれた。昭和三〇年代初頭は、〈神武景気〉と騒がれ、日本は空前の好景気にわいた。

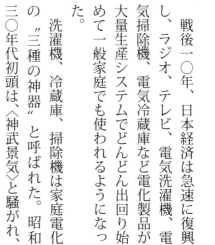

国連ビルの前には日の丸の旗もひるがえっている

## 日本、国連に加盟

昭和三一年(一九五六)一二月一八日、国連総会は日本の国連加盟を全会一致で承認した。"独立国日本"は戦後初めて国際政治の舞台入りを果たしたのであった。

しかし世界はすでに東西にはっきり分かれ、両極化していた。日本は当然アメリカ側の一員に組み入れられた。

経済力を急速に伸ばした日本に国連の期待は大きく、予算分担率はまたたく間に大国並みとなり、安保理など理事国にも幾度となく選ばれた。

氷海を進む南極観測船「宗谷」

## 南極観測隊、昭和基地を設営

昭和三一年（一九五六）一一月八日、南極予備観測隊（隊長永田武）を乗せた観測船宗谷は東京港を出港した。

翌三二年一月二九日、南極オングル島に上陸し昭和基地を設営した。

翌年には米ソはじめ一一か国の合同観測にも参加。その後、南極観測を一時中断していたが、四一年（一九六六）に再開された。

現在は、みずほ基地、あすか基地、ドームふじ基地を設けて観測をつづけている。

三四年（一九六八）に「南極条約」が締結され、南極は地球上で初めての平和非武装地域となっている。

## 〝赤線〟の灯消える

終戦後の昭和二一年（一九四六）、遊郭は廃止され遊女たちは解放されたが、なお売春は横行、政府は対策として特殊飲食店を指定、地図上に赤線を引いた地域に限定して営業を認めた。これは〈赤線〉と俗称された。

三二年（一九五七）四月一日、売春防止法が施行され、赤線の灯は消え、全国で約三万九千軒、一二万人の従業婦が廃業した。

赤線地帯にはそのあとトルコ風呂（現在の「ソープランド」）が乱立、またモーテル売春、パンマ売春やデートクラブ売春など新手の売春が後を立たなかった。

## 安保闘争が激化

昭和三五年（一九六〇）一月岸首相ら全権団が訪米、日米相互協力及び安全保障条約（新安保）などに調印、五月に警官五百人を動員して、衆議院で強行可決した。

これに反抗する市民は連日デモを繰りひろげ、六月一五日には全国で五八〇万人参加の闘争運動に高まり、六〇人が負傷した。

全学連主流派は国会に突入し警官隊と衝突、東大生樺美智子が死亡した。

この闘争はその後も長びき、やがて少数の過激派の武装闘争に分裂していった。

## 堀江健一、ヨットで太平洋横断

昭和三七年（一九六二）五月一二日、大阪の青年堀江健一は全長六メートルの小型ヨット、マーメイド号で兵庫県西宮を出港。太平洋を航行して八月一二日、サンフランシスコに到着、日本人で初めてヨットによる太平洋横断に成功した。

この冒険はさわやかな壮挙として国民の拍手を受けた。翌年『太平洋ひとりぼっち』として映画になり石原裕次郎が主演して人気を呼んだ。

時速二一〇キロで疾走する新幹線ひかり号

## 〝夢の超特急〟新幹線開業

昭和三九年（一九六四）一〇月一日、東京と大阪を結ぶ東海道新幹線が営業運転を開始した。

時速二一〇キロの超高速で両都市間を三時間一〇分で走った。

当時は〝夢の超特急〟と呼ばれ、利用者は急増、国鉄のドル箱路線となった。また高速だけでなく、死亡事故ゼロという安全性も人気の要素となった。

新幹線はその後、平成にかけて南は鹿児島、北は函館まで伸び、日本の経済、文化、社会に多大の影響を与えた。

## マイカー時代へ

戦時中、軍用車生産が主力だった日本の自動車産業は、戦後、朝鮮戦争特需で成長、乗用車生産を軌道に乗せ、昭和三〇年代末ごろには一般の自家用車族が増え始めた。

四〇年代になると年毎に急増、五〇年（一九七五）三月には保有台数は一二〇〇万台を越え、マイカー時代が到来した。

自動車の普及に合わせて高速道路も整備されたが、マイカー族の増加ぶりはすさまじく、大都市では交通渋滞が日常化し、交通事故も激増した。

マイカー時代到来とともに全国にハイウェー網が整備されていった

## 東京オリンピック開催

昭和三九年（一九六四）一〇月一〇日、第一八回オリンピックが東京で開会した。

昭和天皇が名誉総裁となり国立競技場で開会宣言が行われ、世界から九四か国、五千八八六人の選手が参加、競技の模様は宇宙衛星によって初めて世界に中継された。

アベベのマラソン二連覇、ヘイズ、一〇〇メートル九秒九の驚異的新記録、〝東洋の魔女〟女子バレー優勝など日本中が興奮した。

東京五輪は戦後日本のエネルギーの一大モニュメントであり、以後経済大国としてさらに飛躍していく。

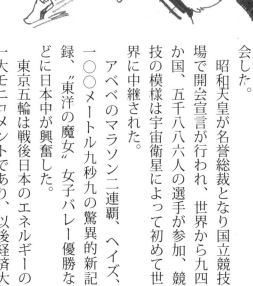

来日したロックの人気グループ、ビートルズ

## ビートルズ日本公演

イギリス・リバプールで旗上げし、またたく間に世界を席捲した人気ロック・グループ「ザ・ビートルズ」が、昭和四一（一九六六）年六月二九日に来日、日本武道館で三日間の公演を行った。

来日前からビートルズ・ブームがあおられ、当日は熱狂的なファンが殺到、会場は大混乱となり、多数の若者が補導された。

三日間に三五分ずつ五回の演奏でギャラは六千万円といわれ、当時の人たちを感嘆させた。

## 川端康成にノーベル文学賞

昭和四三（一九六八）年度ノーベル文学賞に日本人の川端康成がきまった。

『雪国』『伊豆の踊子』などの小説で知られる新感覚派の作家、川端康成は日本ペンクラブ会長を長くつとめ、東京で国際ペンクラブ大会を開催するなど国際的にも名を知られていた。

同年一二月一一日、ストックホルムで行われた受賞式には和服姿で出席し、『美しい日本の私』と題して講演を行った。

府中刑務所横の事件現場と警官に変装した犯人のモンタージュ写真

## 府中で三億円強奪事件

昭和四三年（一九六八）一二月一〇日、東芝府中工場に向かう日本信託銀行国分寺支店の現金輸送車が、府中刑務所横で白バイ警官に変装した男に呼び止められ、現金三億円が奪われた。

犯人は悠々逃走した。三億円という多額の現金を、白昼堂々と現金輸送車を襲って奪うという大胆周到な手口のあざやかさに、庶民は感嘆、師走の街に大きな話題を投げかけた。

犯人はついに捕まらず、五〇年（一九七五）一二月一〇日に時効が成立した。

## アポロ一一号、月面着陸に成功

昭和四四年（一九六九）七月二一日、アメリカの宇宙船アポロ一一号が月面着陸に成功、アームストロング、オルドリン両宇宙飛行士が人類史上初めて月面に降り立ち第一歩を記した。

その歴史的瞬間の映像は刻々と地球に送られ、テレビ放送されて世界中を興奮させた。

アポロ一一号の飛行士三人は、一一月に来日、昭和天皇と会見した。

初めて月面に足を踏み入れたアメリカの二人の宇宙飛行士と探索の様子

日本万国博覧会会場と太陽の塔

## 大阪で日本万国博覧会開く

昭和四五年（一九七〇）三月一五日、大阪・千里で日本万国博覧会（ＥＸＰＯ'70）の開幕式が昭和天皇出席のもと華やかに行われた。

〈人類の進歩と調和〉を統一テーマに、世界七七か国が参加、九月一三日まで一八三日間に六千四二〇万人が入場、画期的な大成功を収めた。

五〇年（一九七五）七月からは沖縄で海洋をテーマにした特別博、沖縄国際海洋博覧会が開かれたが、こちらは入場者わずか三四八万人と期待はずれの結果となった。

韓国金浦空港で解放される乗客

## 日航機よど号ハイジャックされる

昭和四五年（一九七〇）三月三一日、羽田空港を飛び立った日航機よど号が赤軍派学生九人に乗っ取られた。

機は韓国の金浦空港に着陸、日本政府代表が交渉の結果、四月三日に乗客ら一〇三人は解放され、犯人は北朝鮮へ亡命するという、日本最初のハイジャック事件となった。

同年八月には浜松上空で全日空機がハイジャックされるなど事件が続発したため、政府は四八年にハイジャック等防止対策要綱を定め、各空港でX線透視検査、ゲート式探知機、ボディチェックなどが行われるようになった。

## 沖縄返還なる

昭和四七年（一九七二）五月一五日、アメリカ占領下にあった沖縄の施政権が返還され、沖縄県が発足した。

戦時中本土の防壁となって激しい戦闘下、多数の犠牲者を出した沖縄は、戦後二七年ぶりにようやく日本に復帰した。

しかし復帰と同時に本土企業の進出や土地の買い占めが進み、またそのまま残ったアメリカ軍基地の問題など多くの課題をかかえ、復帰を素直に喜べない島民も多かった。

戦争で多大の犠牲者を出した沖縄は戦後二七年にしてようやく本土に復帰した

## 小野田寛郎元少尉、帰還

昭和四九年（一九七四）三月一〇日、戦後二九年間、敗戦を信じずフィリピン・ルバング島にこもっていた小野田寛郎元陸軍少尉が救出され、一二日日本に帰還した。

旧日本軍将校らしく終始節度ある態度で国民を感動させた。

その二年前の四七年（一九七二）一月二四日にはグアム島のジャングルで横井庄一元軍曹が救出され、二月二日に帰国、「恥ずかしながら帰ってまいりました」と第一声を放った。

〈生きて虜囚のはずかしめを受けず〉の軍人精神を厳守した男のドラマであった。

救出された横井庄一軍曹（上）と小野田寛郎少尉（下）

## ベトナム戦争が終結

昭和五〇年（一九七五）四月三〇日、サイゴンが陥落、南ベトナム政府が無条件降伏して長かったベトナム民族解放戦争は終った。

この戦争で南ベトナム側はアメリカ軍三六万人を含む九八万人、解放戦線側は二二八万人が死傷、民間人四二万人が死亡した。

使用爆弾量は第二次大戦をはるかに上回り、世界最大の軍事・経済力を誇るアメリカは最新科学技術を駆使し大物量攻勢を展開しながら、アジアの小国、北ベトナムに勝てなかった。

## 総理の犯罪、ロッキード事件

米穀上院外交委員会に端を発したロッキード事件は、昭和五一年（一九七六）七月二七日、田中角栄元総理の逮捕により頂点に達した。

元総理は法廷で裁かれ、ロ社から丸紅を通じ五億円のワイロを受け取ったとして懲役四年の実刑となった。

元運輸相、運輸政務次官、全日空と丸紅の経営陣ら多数が有罪となり、政財界の構造的癒着による戦後政治の金権体質が明らかになった。

後に元総理は保釈され、〝闇将軍〟としてなお力を振るっていたが、六〇年（一九八五）二月に脳硬塞となり、政界での影響力はほとんど消滅した。

ロッキード社の旅客機輸入をめぐり当時の田中角栄首相は五億円のワイロを受取り有罪となった

## 王選手が本塁打世界最高記録

昭和五一年（一九七六）九月三日夜、後楽園球場で行われたプロ野球巨人―ヤクルト線で、巨人軍王貞治選手は三回裏ヤクルトの鈴木康二朗投手のシュートを右翼スタンドに打ち込み、通算七五六本のホームラン世界最高記録を樹立、球場は歓呼にどよめいた。

九月五日、政府はこの快挙をたたえ、国民栄誉賞の第一号を王選手に贈った。

王選手はその後さらに記録を更新、五五年（一九八〇）に引退するまでに通算八六八本のホームランを放った。

日本の空の玄関・成田空港

## 成田国際空港が開港

昭和五三年（一九七八）五月二〇日、機動隊一万人の厳戒体制の中、新東京国際空港の開港式が行われた。

成田市三里塚に新国際空港の建設を決定以来、実に一二年を経ての開港だった。

当初三月三〇日に開港の予定であったが、同月二六日に反対派学生が管制塔に乱入、機器類を破壊したため、開港が遅れていた。

開港式のこの日も反対派は地下ケーブルを切断して発着を妨害、六三〇〇人が総決起集会を開いた。

翌二一日朝、ロサンゼルスからの日航貨物機が開港一番機として着陸、運航が開始された。

## 東京サミット開催

昭和五四年（一九七九）六月二八、二九日の両日、アジアで初めての主要先進国首脳会議（東京サミット）が、東京・元赤坂の迎賓館で開かれた。

アメリカ・カーター大統領、フランス・ジスカールデスタン大統領、西独・シュミット首相、イギリス・サッチャー首相、イタリア・アンドレオッチ首相、カナダ・クラーク首相、ＥＣ・ジェンキンス委員長が出席、大平首相が議長をつとめた。

通貨、貿易、一般経済、南北問題、エネルギーの五項目が討議されたが、もっぱら石油戦略に意見が集中、各国の石油輸入目標を盛り込んだ「東京宣言」を採択して閉幕した。

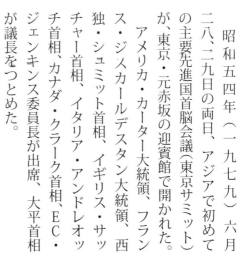

四十余年ぶりに感激の対面をする孤児と肉親

## 中国残留日本人孤児の肉親探し

敗戦後、旧満州在留邦人は家族離散の逃避行をせざるを得ない者も多く存在していた。

それら肉親と生き別れ中国に残留した孤児たちの肉親探しの来日は、昭和五六年（一九八一）三月から始まった。

第一陣四七人のうち二六人の身元が判明、感激の対面がテレビに映し出され、観る者の涙を誘った。

孤児の来日はその後も毎年つづき約一五〇〇人が訪日し、約六〇〇名の身元が判明した。

身元判明者のうち五〇四世帯が帰国し、祖国での自立に励んだ。

「科学万博・つくば'85」の会場全景

## 筑波で科学万博開く

昭和六〇年（一九八五）三月一六日から九月一六日まで、茨城県筑波研究学園都市を会場に「科学万博—つくば'85」が開催された。

会場には日本政府館・国内民間パビリオン一八か所、四七か国の外国館が並び、世界の先端技術と未来生活が紹介された。

半年間の総入場者は二千万人で当初の予測よりも少なかった。

## 日航ジャンボ機墜落、五二〇人死亡

昭和六〇年（一九八五）八月一二日午後六時一二分、五二四人を乗せた日本航空ボーイング747型一二三便は羽田空港を離陸し大阪に

垂直尾翼が吹き飛び、墜落寸前の日航機。
右下はヘリコプターに救出される川上慶子さん

向かう途中、伊豆半島上空で突然後部隔壁が破損。垂直尾翼を失い、三二分間の必死の努力もむなしく群馬県上野村御巣鷹山腹に激突、機体は数キロにわたり散乱した。

一夜明けた一三日から捜索を開始、次々に遺体が発見され、その模様は刻々とテレビ中継された。

生存者は絶望的と思われる中、残骸の間に生存者が確認され、中学生の川上慶子さんがヘリにぶら下がり救出されるのを、全国民は固唾をのんで見守った。

ほかに三人の生存者がおり、奇跡の救出活動はまさに劇的だった。

残る乗員・乗客は全員死亡、死亡者の中には歌手の坂本九もいた。

## 青函トンネル、瀬戸大橋完成

　昭和六三年（一九八八）三月一三日、本州―北海道間五三・八五キロの海底トンネルが完成、ＪＲ北海道・津軽海峡線が開業した。地質調査の開始以来四二年ぶりの開通であった。

　翌四月一〇日、本州四国連絡橋瀬戸大橋が完成、ＪＲ四国・瀬戸大橋線と自動車道が開通した。

　これらの完成によって北海道から四国、九州まで四島全部が道でつながり、日本の交通に画期的なページを開くことになった。

青函トンネルを出る津軽海峡線の快速列車「海峡」（右）と四国と本土を結ぶ瀬戸大橋（左）

最後の航海をする宇高連絡船（上）と
青函連絡船（下）

## 連絡船消える

青函トンネル、瀬戸大橋の開通によって、長い間利用されていた青函連絡船と宇高連絡船が廃止された。

人生の哀歌を乗せ、海の旅情をかきたてた連絡船が消える日、愛惜つきない思いの多数の人たちが、最後の日の連絡船に乗りこみ、二度と味わうことのできぬ最後の航海を体験した。

〈連絡船よ、さようなら〉最後の航海はテレビでも放映され、全国民は感傷にひたった。

# 第五章　「昭和」から「平成」へ

## 昭和天皇ご重体

昭和六三年（一九八八）九月一九日、昭和天皇は三八度を越える発熱となり、夜になってご容体が急変、就寝中に大量吐血され、侍医長、侍従長が緊急呼び出しを受けた。

翌日の新聞は大きく「天皇陛下ご重体」と報道、全国民は強い衝撃を受けた。

翌日、緊急輸血が行われたが吐血・下血は止まらず依然重体のままだった。

二二日、政府は国事行為を皇太子に全面委任することを決め皇居坂下門など全国一二か所でお見舞いの一般記帳を始めた。以来、天皇のご快癒を願う国民の記帳の列が連日ひきもつかずつづいた。

昭和天皇のご快癒を願って皇居前には記帳者の長い列がつづいた

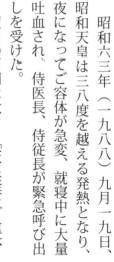

## 昭和天皇、崩御

昭和六四年（一九八九）一月七日午前六時三三分、昭和天皇は吐血以来一一一日間の闘病生活の末、十二指腸乳頭周囲腫瘍腺ガンのため皇居・吹上御所で崩御。八七歳八か月の生涯であった。

六二年の在位期間、八七歳の年齢は歴代天皇中最長であった。

新宿御苑に着き葬場殿へ向かう葱華輦（そうかれん）

## 大喪の礼

昭和天皇を御葬送する大喪の礼は、平成元年（一九八九）二月二四日、新宿御苑で小雨の中しめやかに挙行された。

霊轜《れいじ》（霊柩車）の車列は、弔砲に迎えられて新宿御苑に到着。皇室儀式の葬場殿の儀が行われた。

その後の大喪の礼では、天皇、皇后両陛下はじめ、約一六四か国の各国元首、使節、国民代表ら約一万人が参列、竹下総理らの弔辞ののち参列者の拝礼が行われた。

その後、御霊柩は四五キロ離れた武蔵陵墓地へ向かい、皇室儀式の陵所の儀が執り行われた。

新元号「平成」は
昭和六十四年一月七日
午後二時の
竹下内閣の
臨時閣議で
決定
同二時三十六分
小渕官房長官
によって
発表された
平成

新たに決まった「平成」の元号を掲げる、当時の内閣官房長官・小渕恵三元首相

## 新元号「平成」に決まる

昭和六四年（一九八九）一月七日、昭和天皇崩御により直ちに皇太子明仁親王が第一二五代皇位についた。

これにともない政府は七日午後新元号を「平成」と決定、八日から施行した。

これによって六二年一四日間にわたる歴代最長の昭和時代は終わりを告げ、新しい平成時代の幕開けとなった。

# 第六章　続　忘れ得ぬ人々　思い出の風景

平成一六年（二〇〇四）、地元・松戸よみうり新聞社の戸田さんに口説かれて地域のコミュニティ新聞へ連載をはじめた。

途中でお休みなども入ったが、実に息の長い仕事となった。

恩師・小松崎茂先生の生涯から始まり、老人の戯言《たわごと》と私自身の思い出話を綴って、平成最後の年となる三〇年（二〇一八）に連載を終えるまで、振り返って見ればあっという間の一四年間だった。

連載の前半は二〇一五年六月に六一九頁、厚さが四センチ強もある実に立派な本となって世に出た。

それから七年の歳月を経て、思いがけず新たな本の出版とともに、残りの連載についてもこうして日の目を見ることとなった。

小閑の折にでも頁をめくっていただき、私の生きた証のひとつと受けとめていただけたら望外の喜びです。

前著『忘れ得ぬ人々　思い出の風景』（北辰堂出版刊）は予想を越える本の厚みとなった

## 一

# 八〇を前に広がる人の輪。今年も感謝の年に

◆

明けましておめでとうございます――と新年のご挨拶を書いて、ふと筆がとまった。

本紙の発行は毎月第四日曜日なので、この原稿が新聞に載る頃はもう二月に近い。その頃には流石に正月気分も消えて、平常の暮らしに戻っているはずで、歳時記風な部分はちょっとちぐはぐな感じになるのは否めない。それにしても新潟、青森、北海道各地の豪雪に対する地元の人々のご苦労は想像を超えるものがあると思う。アメリカの方からも記録的な豪雪のニュースが届いている。

今年の記録的な降雪量は例外と思いたいが、かつて太平洋側は表日本、日本海側は裏日本と呼ばれていた。現在この言葉はテレビ、ラジオでも禁句になって使われなくなっている。広辞苑では「本州の、日本海に臨む一帯の地。冬季降雪が多い。

明治以後、日本の近代化の中で先進的な表日本に対して用いられ始めた語」と記してあるが、これらの名称は歴史的な呼称ではなく地理的な呼称として明治以降に使用されたものらしい。

明治三九年（一九〇六）出版の山崎直方、佐藤伝蔵の『大日本地誌』には裏日本の名称が記載されているが、同じ頃出版された吉田東伍の『大日本地名辞書』には見当たらないという。

江戸時代以前は、波も荒く、流れも離岸流の太平洋側より、漂流しても岸に流れ着く可能性の大きい向岸流の日本海の方が航路も安全で、海運も大いに栄えた。その上、日本海側は、大陸の文化圏にも直面しているし、文化的には太平洋側よりはるかに開けていたのは周知の事実である。

その関係が逆転したのは、政治、経済が進んで、雪害のない陸路が人々の生活に大きな変化を持ち始めてからで、近代になると裏日本というイメージからは、暗い雪空、経済的停滞、都市化・工業化の後進性、人口の過疎化……等すっかり印象を落として

しまった。

昭和三〇年代に裏日本という名称に対する批判が起こったのは、テレビの普及でこの言葉が人々の耳目に触れはじめたことと、この頃から雪国の人達に雪害を克服しようという意識がはっきりしだした事によるという。

現在は新幹線と高速道路により、生活物資の流通も円滑になり、冬はスキー客で賑わい、裏日本の印象もかなり変わってきている。

東日本大震災という大きなダメージがあったが、総じて太平洋側は環境破壊が進み、一方、日本海側は自然環境が多く温存されてもいる。

大雪の苦労に心を痛めながらも、「雪国」の情趣に強く心惹かれるのは、雪の下なる囲炉裏のぬくもりの中に、日頃忘れている日本人としての郷愁と憧憬があるように思えてならない。

## 暮れにも様々な集まり

ところでこの暮れは、忘年会もいろいろなグループごとにあり、他の集まりも入れると全部で一〇を超していた。新宿御苑近くの中華料理店で開かれたかつての立教大学演劇部のOB会（一〇人程の会だったが）にも招かれて出席した。私は大学への進学はせずに、画の道へ進み、高校在学中から師の小松崎茂先生宅に入りびたりとなり、卒業と同時に正式に弟子入りし、住込みの書生として過ごした。

親友の海老原三夫君が、立教へ進んで演劇関係に夢中になっていた頃、私はオブザーバーとして「海抜三二〇〇メートル」「なよたけ」「雪女」「恋愛の技術」（キノトール作）……等々多くの学生演劇の上演作品のポスター、チラシ、切符のデザインまで手がけていた。

今回の集いでもお互いによく名前は知っていながら「初めまして……」の関係が多かった。

私の友海老原君は初期の劇団四季に加わっていて、ＮＨＫの「事件記者」に出演したり、テレビのアテレコ等で活躍し始めた矢先、昭和三七年（一九五八）の国鉄三河島事故に巻き込まれて急逝してしまった。当時の演劇部諸兄の多くはテレビ、ラジオをはじめ演劇関係に進んだ人も多かった。

例えば文化放送のアナウンサーとして活躍した佐藤也寸志さんも車いす生活になり今は地方へ移ってしまったというし、文学座の演出部で活躍した吉兼保（通称キープ）さんも彼岸の人になっている。映画「少年期」でデビューし、「伊豆の踊り子」では美空ひばりの相手役だった美青年石浜朗さんもこの日は姿を見せなかった。

大映の女優として活躍したお仲間の弓恵子さんも欠席。熱心に私を誘って下さった斎藤伊和男さんも最近バイク事故に遭い、「根本くん、皆みーんないなくなっちゃったよオ。淋しいなあ……」と言いながら杖をついて帰って行った。夫妻での出席だったが、このご夫婦には昔から大層お世話になった。ちなみに奥さんの美代子さんは、銀座の有名な天ぷら屋「天一」の娘さんである。

浅草雷５６５６会館で上演された劇団にんげん座の「六区の空の下に」に元「ウルトラマン」（スーツアクター）の古谷敏さんが出演することになり、仲間と誘い合わせて出かけた。作と演出を手がけた飯田一雄さんとは、浅草での私の講演会で知己となり、しばらく前ご一緒に食事をし、戦後の浅草の話に花を咲かせた。飯田さんは軽演劇作家として知られる淀橋太郎さんのお弟子さんと聞いている。

古谷さんは一二月一三日には、虎の門の発明会館ホールで「ウルトラワンマンショー」という会も開き、昨年は大奮闘の年末だった。

区切りついた所で暮だから集まろうということになり、いつものグループ仲間に声をかけ古谷さんを囲んで賑やかな会になった。両方の会に共演した

劇団にんげん座　2014年公演「六区の空の下に」のパンフレット

「帰ってきたウルトラマン」スーツアクターきくち英一さん（左）と「ウルトラマン」スーツアクター古谷敏さん

ジャズシンガーのグレース美香さんも駆けつけてくれた。友人達に言われるまでもなく、八〇歳を目前にしているのに、どんどん人の輪が広がっていくのは、やっぱり有難いことと感謝しなくてはいけないと思うのだが、残念ながら体力がついて行けなくなっている。

先月号でお知らせしたように、この連載が単行本化されることになり、今何となく落ち着かない毎日を送っている。これから校正その他で本格的な忙しい毎日になると思うが、新しい年を迎えても、すでに色々なお誘いが舞い込んできている。

今年は特に師の小松崎茂先生の生誕百年にあたるので、出身地の荒川区でも催しをしてくれるそうで、他にも展覧会の話がいくつか決まっている。

早いもので小松崎先生が逝って今年はもう一四年目になる。阪神大震災から二〇年。さらに今年は敗戦の日から七〇年目の節目の年を迎えるという。

生活は豊かになったが、家族制度は大きく崩壊。家庭の匂い、街の匂いまで変わってしまった。しみじみ昭和の風が恋しい。

左から筆者、グレースさん、古谷さん

今日もまた大雪の便り。横手のかまくら、秋田湯沢の犬っこ祭り、越後の鳥追い祭り、札幌の雪まつり……等々雪が主役の祭りや行事が各地で次々と開かれる……。

今年こそ天災の少ない年であってほしいと心から祈らずにはいられない。どうぞ平和な年でありますように——。

松過《まつすぎ》のまたも光陰矢の如く　高浜虚子

元気だった家族が、ある日突然救急搬送されたらあなたはどうしますか？

古谷さん（左）と「ウルトラセブン」アンヌ隊員役のひし美ゆり子さん

総務省消防庁の発表によると、救急出動件数は年々増え続けており、平成一五年（二〇〇三）には四八三万件だった救急出動件数は、二九年（二〇一七）には一・三倍の六三四万件に膨れ上がりました。一日平均とすると約一万七三七六件の救急隊が出動したことになります。

搬送の原因は、一位が急病六四％、二位が一般負傷一五％、三位がその他でした。次に、年齢別に救急搬送された人の割合をみると、「急病」では高齢者（六五歳以上）が八一・八％、「一般負傷」は高齢者が六七・四％を占め、最も高い割合で搬送されていることが分かります。

介護が必要になった主な原因としては、認知症・脳血管疾患・高齢による衰弱・骨折や転倒が上位を占めており、老齢と共に緩やかに介護状態になる人ばかりではないという現実が見えてきます。

高齢になったことによる心身機能の低下や衰弱よりも、病気がきっかけで介護状態になる人が多いと聞いたら意外でしょうか？　しかし、この結果からも突然介護が始まることは決して他人事ではない、いつでも自分事になりうる、と認識しなくてはなりません。

では実際に家族が救急搬送になったとき、介護状態になったときには私たちはどこへ相談し、何から始めれば良いのでしょうか。

## 平均寿命と健康寿命とは？

ＷＨＯが発表した二〇二一年版の統計によると、日本の平均寿命は八四・三歳で世界一の長寿国でした。次いで二位はスイス、三位は韓国という結果でした。

長寿であること自体は喜ばしいことですが、一方、介護の問題はこうした日本の「平均寿命」と、日常生活に支障がなく生活できる期間である「健康寿命」の差から生じます。また、日本。


（二〇一五年一月　連載43）

# 二

## ◆長谷川伸の名作と小田富彌の丹下左膳

年賀状の束に混ざって、古い友人Ｍ君からの手紙が配達された。「今年はお互いに傘寿を迎える訳だから、七〇代のうちに一度逢おうよ」という文面で、中に一月中旬の歌舞伎座の切符が一枚とチラシが同封されていた。

新装なった歌舞伎座は、成田屋（十二世市川団十郎）が亡くなり、大ファンだった中村屋（十八世中村勘三郎）が早逝してしまったので足が遠のいていた。

二階席の切符だったが、昼の部三幕目に松本幸四郎の「一本刀土俵入」が組まれていた。

幸四郎の「一本刀――」の駒形茂兵衛は古い建物時代の歌舞伎座でも見ていた。

そうあの時は、毎年楽しみにしていた浅草のお好

み焼き染太郎の忘年会で「幻劇団」の座長をつとめていた中村歌江さんが安孫子屋の酌婦の役で出演し

原巌著「親知悪太郎」口絵と林不志著「大岡政談」装丁（右）　いずれも小田富彌画

ていたのをなつかしく思い出した。今回の「お蔦」役は中村魁春で私には始めての「お蔦」だった。

突然隣の席のM君が小声で「ねえ何回位見ている？」と話しかけて来た。

彼とは昔新国劇狂いをした仲で、新国劇の「一本刀――」だけでも一〇回以上は見ているので、幕が開く間昔話で二人とも夢中になった。

数年前になるか浅草公会堂で、新国劇の「劇団若獅子」で笠原章の茂兵衛を見ているが、その時の「お蔦」役は現在の市川猿之助が四世を襲名する直前の亀治郎時代でその人気もあってか客入りも上々だった。

「一本刀――」のあと、亀治郎の舞踊「保名」があり、新国劇名物の「殺陣田村」も楽しかった。

「やっぱり島田の茂兵衛が一番良かったなァ」友人は遠くを見るような眼でつぶやいていた。

男の劇団と呼ばれ、当時の新国劇は本当に楽しかった。昭和四〇年代半ば、落ち目の新国劇はほんの一時だが、フジテレビの事業局に籍を置いていたことがあった。

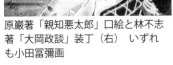

藤井孝主演「一本刀土俵入り」（昭和10年）

片岡知恵蔵主演「瞼の母」（昭和11年）

当時、「とびだすえほん」の制作で一緒に苦労した横沢彪さん（一世を風靡した「ひょうきん族」他を世に送り出した名プロデューサー）から、新橋演舞場で上演していた新国劇の「風林火山」の切符を一〇〇枚程預かったことがあった。入りが悪いので要するに自由に配ってくれという訳だが、無料でもらった一〇〇枚もの切符を手にした時は淋しくて悲しくてたまらなかった。

心当たりに配ったが、中学時代の恩師W先生が「一〇枚欲しい」というので早速送ったところ、先生は何かの事情で私が切符を抱えて困っている――と勘違いしたらしく、代金をわざわざ届けに来てくれた。びっくりして丁寧にお返ししたが、その先生も今は消息不明――淋しい限りである。

M君のお陰で、本当に楽しい思い出に浸れた。島田正吾の茂兵衛はやはり浅草公会堂でも見ていて、その時の「お蔦」は三浦布美子だった。最後は新橋演舞場の島田の一人芝居の「一本刀――」で友人数人と出かけ、大道具に親しい知人がいたので、楽屋裏で開演準備をしている島田正吾を間近で見て、手伝いに来ていた本来はお蔦役の香川桂子が一生懸命に師匠島田の手伝いをしているのを見て胸があつくなった。

映画に芝居に、歌謡曲にと、話の筋書きは読者の皆様大半は御存知と思うが、中村勘三郎（十七世）の茂兵衛も二度か三度観ている。

この芝居六代目尾上菊五郎の茂兵衛で昭和六年（一九三一）七月東京劇場で初演の幕を開けている。最初に登場する時の茂兵衛は洗いざらしの汚い浴衣姿で現れるが、この浴衣、芝居のない時は、六代目の所で大切に保存されていると聞いている。勘三郎

（十七世）の茂兵衛はこの浴衣を着て登場するので、始めてその由来を聞いた時は舞台を見てぞくぞくぞくっとした。

一〇年後、横綱への夢を果たせず、渡世人となって登場する勘三郎の茂兵衛は、いかにも相撲取りあがりらしい小肥りで少々野暮ったさが残っていてリアルな感じがしたが、島田正吾の茂兵衛は粋で惚れ惚れする渡世人姿で登場する。

芝居の上での嘘だが花道に現れた島田の姿にはオーラがあり本当に惚れ込んだ。

何回見ても胸がおどった。島田で一〇回以上、そうそう前進座で中村梅之助の茂兵衛も観ている。M君のお陰で思い出が次から次へと湧いて来て（前にも本シリーズで書いたのに）思わず「一本刀――」で長くなってしまった。

## 弥生美術館で小田富彌展

私は「一本刀」だけが好きというのではなく、長谷川伸の作品が大好きなのである。


「沓掛時次郎」「関の弥太っぺ」「瞼の母」……などなどずらり名作ぞろいである。

縞《しま》の合羽に三度笠。手甲脚絆《てっこうきゃはん》に旅草鞋《たびわらじ》、腰に差したる一本刀。御存知あの渡世人姿を定着させたのは画家の小田富彌だと言われている。

小田富彌は、林不忘作「新編大岡政談」で傍役として登場した「丹下左膳」のスタイルも創意工夫して後の左膳像を生んだ画家でもある。

現在東大弥生門前の弥生美術館で三月いっぱい「小田富彌展」が開かれているので是非小閑の折御遊歩いただけたらと思っている。

現在一〇四歳になった中一弥（「鬼平犯科帳」や「剣客商売」等の挿絵で知られる）は小田富彌のお弟子さんの一人である。弥生美術館は「竹久夢二美術館」としても知られるが、竹久夢二のお子さんも一時小田富彌の弟子としていた――という話も中先生から聞いている。

中先生とは特に親しくしていて随分グループで、あちこち小旅行を楽しんだ。

今は三重県の津市にお住まいだが、一〇〇歳になった頃お訪ねして来た。思い出一杯の先生である。長谷川伸の話に戻るが、二〇年位前両国の工場を改装したようなアングラ劇場――たしか「ベニサンピット」と記憶しているが、その劇場で五大路子さんの一人芝居「長谷川伸の世界」というのを観に行ったのを思い出した。

長谷川先生の幼い頃からの苦労した思い出が胸にしみた。今どこかのFM局で再放送していることを耳にしたが、テレビで「長谷川伸シリーズ」というのがあった。毎週連続で長谷川作品を放映していた。藤田まさと作詞の五木ひろしの歌う「旅鴉」がテーマ曲で、挿入歌がやはり五木の「裏通り」だった。

毎週楽しみにしていたが、企画の上月信二さんという名がいつもトップにあったが、柏市に同姓同名の人が居て調べてみたら御本人だったので驚いた。当時はたしか信越放送の社長さんだったように記憶している。

長谷川伸シリーズの台本は全部手許にあるというので伺おうと思っていたが機を逸してしまった。上月さんは芸大出身で画家を志したが、絵ではなかなか食えないのでテレビの世界へ移ったと耳にしたが、一度油彩の作品を拝見したが山をテーマにした堂々とした立派な作品だった。

つい先日ビデオで、昭和四一年（一九六六）の加藤泰監督「沓掛時次郎・遊侠一匹」を又又見た。

何回見てもあの頃の錦ちゃんはすばらしく渥美清もすばらしかった。映画が斜陽となった頃の作品だが、この年四月錦之助はこの映画の封切後、淡路恵子との婚約を発表（結婚は同年一一月二〇日）、続いて、五社英雄監督による「丹下左膳・飛燕居合斬り」を撮っている。

股旅物といい丹下左膳といい、偶然前述の小田富彌先生と関連しているのも面白い。丹下左膳も随分多くの人が演じているが、やはり私達世代には「シェイはタンゲ、ナはシャゼン」の大河内伝次郎以外考えられない。

晩年親しくさせていただいた水島道太郎さんも演じているが、「私はもともと左利きなので、あの役は楽だった」と笑っていた顔をなつかしく思い出している。

昭和三〇年代の終り頃、歌舞伎座の二階のロビーで静かな初老の画家が、歌舞伎の名場面を色紙に描き、その場で即売していた。

長田幹彦の「島の娘」の挿絵などで私にとってもなつかしい芝居絵を得意とした大橋月皎先生の姿だった。

京都嵐山に続く大河内山荘には何となく行きそびれていたが、京都育ちのS子さんという友人に誘われて、出かけたことがあった。

中庭状の所に大河内伝次郎扮する丸橋忠弥の大きな絵が飾られていた。その作者が歌舞伎座の二階ロビーで色紙を描いていたあの大橋月皎先生のものだった。直射日光が当たっていたので、これでは絵がすぐにダメになってしまうと思い、心を残して山を降りた。

「ねえ、オオコウチデンジロウって何をやってた人なの?」賑やかな女子高生の一団とすれ違った。

（二〇一五年二月　連載44）

# 三

## 悲劇の始まり——忘れえぬ東京初空襲の思い出

◆

三月という月を迎えると、私たちの世代ではどうしても東京大空襲の劫火の夜の記憶に意識がいってしまう。今年は特にあの八月一五日の敗戦記念日から七〇年の節目の年とあってみれば、当然東京大空襲からも七〇年の歳月が流れたことになる。

何年ぐらい前だったか、日暮里駅近くの有名な芋坂の羽二重団子の二男さんという方から突然お電話をいただいたことがあった。作家の吉村昭先生が、噂で私のことを知り、会って東京初空襲の日のことを聞きたいという内容の電話だった。

吉村先生は私も大ファンだったので、突然のお電話で光栄にも思い、楽しみにしていたが、少し後、吉村先生は不帰の人となってしまい、お会いできる機会を逸してしまった。

あの初空襲を私は物干しからはっきりと見ている。国民学校（小学校）四年生だった私が何故その時家に居て空襲の状況を垣間見る機会に遭遇したのか、長い間不思議に思っていたが、後になってあの日は土曜日だったことを知り、それで疑問は解決した。私の家は学校から数軒の近さだったので、当日は土曜日で半ドン（この言葉も死語となってしまった）だったので、午前中だけの授業を終えて帰宅していたのだと思う。

当時、空襲に備えて敵機の爆音だけのレコードが発売されていて、学校でも「よく爆音から機種が判るように訓練しておくように」と先生からも言われていたが、子どもの耳ではとてもじゃないが識別は難しかった。

東京初空襲は昭和一七年（一九四二）四月一八日のことだった。日本軍のハワイ真珠湾奇襲からわずか五か月に満たない時である。米陸軍中型爆撃機ノースアメリカンB25の編隊で、指揮官はH・ドゥリットル中佐だったことから、後にドゥリットル隊と呼ばれた。陸軍機なので、当然着艦フックはついていない。つまり着艦は不可能なので、日本本土を空襲した後は中国基地へ着陸する予定になっていた。短い滑走甲板での離陸の猛訓練の末の（米側

ドゥリットル隊の東京初空襲　荒川区上空のノースアメリカンB25爆撃機（小松崎茂・画）

としても）特攻に近い決死行だった。
「リメンバー・パールハーバー」を合言葉にＢ

B29爆撃機（小松崎茂・画）

２５の一六機による編隊は突如として日本上空に現れた。東京を襲ったのは主力の一三機だったそうで、他は川崎、横須賀、名古屋、神戸などを襲い、爆弾、焼夷弾投下に加えて機銃掃射を乱射した。Ｂ２５の一機が葛飾区の水元地区に現れたのは、一二時二〇分頃と記録にあるが、この機銃掃射により、水元国民学校高等科（現在の中学）に入学したばかりの石出巳之助君という少年が犠牲になっている。

　私は自宅の二階に居たが、バリバリバリという大きな爆音がして、あわてて物干しに駆け上がってみると、目の前を大きな黒っぽい機体が横切って行った。不思議に思ったのは、機の胴体に日の丸のマークではないマークがついていたことで、程なく爆弾の破裂音が伝わってきた。

　今ならすぐにテレビのスイッチを入れるところだが、何も判らぬままに何やら子ども心に全身総毛立つ思いがしたことだけが記憶に残っている。現在この時の空母「ホーネット」の模型が松戸市紙敷にある「昭和の杜博物館」に展示されている。地元のマニアのグループ「迷才会」（小室晴二会長）の製作によるもので、五〇分の一の模型で全長五メートル弱の精巧なモデルで四八分の一の「ノースアメリカンB25」も甲板に発艦順に並べられている。

## 戦争から教えられたこと

思えばこの日の空襲が悲劇の序章であり、日本本土空襲の始まりとなった。

東京をはじめ全国主要都市への空爆が日毎に激しくなっていく日も目前に迫っていた。

ちなみにこの東京初空襲の一年後、奇しくも同じ四月一八日に、連合艦隊司令長官だった山本五十六大将（没後、元帥の称号を与えられる）がソロモン上空で敵機に撃墜され戦死している。そして、日本海軍はミッドウェーで完敗。その事実は国民には知らされず、まして足手まといの当時の軍国少年には毎日の空襲に怯える日々が続くようになった。

しかし、作家の曽野綾子さんが、テレビで「誤解されるのを承知で言わせていただくと、私は戦争から色々なことを学ばせてもらった」と語っていたが、私にとっても、戦争の悲惨さからは、様々なことを教えられたように思っている。

同様に戦後の飢餓に苦しんだ時代からも、非情な人々からの冷たい仕打ちや、温い人の情にも触れられて、それらは皆私の血や肉になっているように感じられる。

日本文学研究家として知られるドナルド・キーン氏は、戦後の東京の焦土に立った時、「もう東京の復興はありえないだろう」と感じたという。たしかに焦土となった東京の惨状は言葉にならない悲惨な状況だった。

父の友人のSさんは復員後国鉄へ勤めたが、軍隊時代の南の島が忘れられず、よく家に遊びに来ては面白い話を聞かせてくれた。

米軍機は沢山見たが、空襲は一回もなく皆上空を素通り。並々と注がれた大きな甕《かめ》の酒を一番多く飲んだ人が村長となり、島一番の美女と結ばれることが出来るという本当に天国のような島だったという。ただこの島で採れるさつまいもが表現できぬほど不味く、うまい甘藷と親に会いたいだけで帰国し苦しかった時代を思い出すと嘘のような話である。あの時代に「こんなひどい状況だったら、帰らなければ良かった」とよく冗談を言って笑わせてくれた。戦場へ行った兵隊さんでも、こんな人が事実いたのである。ごく稀な例だと思うが、人生さまざまである。

今月は明るい話題を書く心づもりが、三月ということで、空襲の話に変わってしまった。先日も同世代の人たちとの集まりで、衣料切符の話やら外食券の話が出たが、もう若い世代の人の間ではこんなことを知っている人も少なくなっていると思う。衣料切符は点数制で、歌謡曲でも楠木繁夫が「点数のうた」というのを歌っている。

ところで昭和二〇年（一九四五）三月九日の夜は妙に生暖かな風の強い落ち着かない夜だったのを覚えている。記録によれば、東シナ海に優勢な移動性高気圧、三陸沖には発達した低気圧があって、北西の風が強かった。湿度も低かった。熱風を九千余メートルの高度でも感じたという米側の証言が残っている。

一夜にして約一〇万人の命が消えた。

長寿社会になって、戦場で実際に闘った八〇代から九〇代の人たちが重い口を開くようになった例をしばしばテレビで観るようになった。

「軍国少年」と言われ、何の役にも立たなかった私たちの世代も皆かなり老いた。

戦争と戦後の混乱の中で過ごした私たちの世代は大体において遊びべたが多い。

社会に出てからゴルフを覚えた人は多いが、ダンスとかビリヤードなどに無縁の人がほとんどである。私たちよりむしろ年長で「モボ」と呼ばれた時代を過ごした人は思ったより遊びに長けている人が多く驚かされたことが何回もあった。

今にして思えば大変な時代に生を受けたものだと思わざるを得ないが、大きな戦争があり、広島、長崎の原爆も（直接ではないが）体験し、多くの尊い命が天に召された。戦後の混乱期があり、朝鮮戦争による特需景気を経て、経済成長、バブル時代、そしてバブル崩壊と、昭和の並々ならぬ激動の日々を私たちは生きてきた。

先日私は所用で二日続けて首都高速中央環状線を車で走った。夕もやの中でははるかに煙る首都圏の林立する高層ビルが、墓標に見えてぎょっとしたが、そういえば、ビューン、ビューンと走行し、交差する車のエンジンの音の中に、あの夜の空襲で犠牲となった一〇万人という人々の鬼哭啾啾《きこくしゅうしゅう》その呻き声が聞こえるような気がして、夕闇せまる車内の後部座席で私は目を閉じて車の音に耳を傾けていた。

（二〇一五年三月　連載45）

言問橋近くの戦災犠牲者の仮墓地

# 四

## 「銀座ショーガール」若山昌子さんとの出会い

◆

この辺りの桜はとうに散って、もう本物の春の暖かさが続いても良さそうなものなのに花冷えを通りこして肌寒いどころか本当に寒い日や、これが春の嵐というのか強い風雨の日が断続的に続いている。

来客が多く、先日は三人の方が三人ともひどい風邪をひいていて、午後早くから夕刻まで、その三人に囲まれていたら、ついに久々に風邪をもらってしまった。

インフルエンザと診断されて一週間程仕事が手につかなかった。

本紙に連載されたこのシリーズが単行本化されることになり、その校正の多忙な中で風邪に邪魔をされて、ちょっと参ってしまった。

「異能の画家小松崎茂と私」「忘れ得ぬ人びと」「夢見るころを過ぎても」の三部構成になっているが、いざまとめてみると思いの外量が多く、六〇〇頁を越す大冊になり、厚みでいうと四センチ程になってしまった。

昨年の一二月までで一応一区切りさせているのだが、読み返してみると、だらしない私自身の歩みが随所に垣間見られ、チクチク、またズキンズキンと恥ずかしさで胸が痛む。

## ＮＭＨの同窓会で

昨年暮のＮＭＨ（日劇ミュージックホール）の同窓会でご一緒だった若山昌子さんから「銀座ショーガール」という本が送られてきた。ダンスの世界などはおよそ縁のないものだったが、私よりほんの僅か若いだけなのに驚くほど若々しく、やはり同時代を生きて来た共通点が多く楽しく読ませていただいた。

若山さんは、日劇、新宿コマ、浅草では奥山劇場にも出演したというから、どこかの舞台で拝見しているはずなのに、残念ながら舞台姿は私の記憶の中にはない。「若山昌子とジャンピング・ハット」という名でアクロバチックダンサーチームとして有名だったと聞いた。キャバレー全盛時代の頃で、その道では随分活躍してきたらしい。

銀座に「ショーガール」という店を持ってからの苦労話も、同じ時代を生きたといっても私とは全くジャンルの異なる人生を歩んで来た訳で、電話で話していても昭和から平成へと懸命に生きてきたそのドラマティックな歩みに脱帽した。

左から若山昌子さん、筆者、小浜奈々子さん

様々な経験を重ねて、本当に良い歳のとり方をされているなあと感心させられた。一緒に銀座を歩いていて、「ちょっ

と待って！」と言ってコンビニに駆け込んだと思ったら、スポーツ新聞を手に戻って来た。

相撲が大好きで、その記事を読むためのものだった。チャーミングなお人である。一緒に写っている小浜奈々子さんといい、お二人は仲良し同士らしいが、年を感じさせないオーラを持ち続けているお人である。

昭和二四年（一九四九）に封切られ、戦後日本の代表的な青春映画となった今井正監督の「青い山脈」で丸眼鏡をかけた女学生に扮し、とぼけた味で人気を博した若山セツ子さんは昌子さんの従姉とお聞きしている。若山セツ子さんは東宝に一期ニューフェイスとして入社。同期には三船敏郎、伊豆肇、久我美子らがいた。

「青い山脈」はもとより、「銀嶺の果て」とかマキノ正博の「次郎長三国志」シリーズで次郎長（小堀明男）の女房お蝶に扮した若山さんは、私もファンの一人だったが、「銀嶺の果て」を監督した谷口千吉さんと結婚したが、離婚してその後まだ若くして不幸な一生を終えている。

昌子さんという知己を得て、そのお人柄に接し、改めてそのショウを見たかったなァと思い機会を逸してしまったことが残念でたまらない。

## また昭和九年生まれが

同じ世代といえば、「キンキン」こと愛川欽也さんの訃報もショックだった。

愛川さんとは勿論面識はないが、昭和九年（一九三四）生まれで私とはまったく同学年という訳で、但し私は一〇年の早生まれ組だったが、「九

ジャンピング・ハットの頃の若山さん

年会」の長門裕之、坂上二郎、玉置宏さん達が相次いで鬼籍に入り、淋しくてたまらない。

十数年も前の話だが、ドラマの題名は失念してしまったが、「キンキン」扮する主人公の人間像が、私にそっくりということで、数人の友人、知人からその話を聞かされた。

単にドラマの主人公との比較だから、まったくどうということはないのだが、一人二人ではなく数人から言われたので、とても気になっていた。もともとファンだったし、勝手に親近感も抱いていた。

これもこのシリーズで書いたことがあるが、玉置宏さんはその頃毎年、年に一回ゲストを招いて町田

ショーダンスと社交ダンス（若山さんと西松達夫さん）

市のホールで、なつメロの会を開いていた。

その年のゲストは「九段の母」の塩まさるさん、「フランチェスカの鐘」の二葉あき子さん、「トンコ節」の久保幸江さんの三人だった。ちょうどお盆で、暑いまっ盛り。

親しくしていた塩さんが車の都合がつかないというので、これも親しい知人のSさんの車で、町田市までお送りしたことがあった。

控え室で出番を待つ間、皆さんと談笑したが、玉置さんに、「私も昭和九年組です」と言うと、パイプをくゆらせていた顔が急に和やかになり、「あーそうですか」と言って一層親しい話になった。そのままなら良かったのだが、「一〇年の早生まれですから」と付け足したので、玉置さんは急に表情を変えて、「一〇年生まれは関係ないんです」と強い語調で言い、それからの目線は完全に上目線になり、その豹変ぶりに驚かされた。

九年生まれということにそんなに強いこだわりを持っているんだ——とそれからは話が少しぎくしゃくしてしまった。

現在横浜の神奈川文学館で、「谷崎潤一郎展」が開催されているそうで、谷崎先生が当時熱心に通っていた日劇ミュージックホールでの小浜さんとの写真が色々展示されているそうで、館の方から小浜さんに展示の許可の連絡が入って来たという。「根本センセ、一緒に行って下さる?」と誘われているが、まだ時間がとれるかどうか判らないでいる。

先日別の件でのお誘いもいただいたが、風邪の真っ只中で果たせなかったので今度は何とかご一緒して中華街で食事でもしたいと思っている。

前述した通り、本紙の連載をまとめた本は『忘れ得ぬ人々・思い出の風景』という題名で出版されることになった。表紙の帯には、漫画家のちばてつやさん、初代ウルトラマン・スーツアクターの古谷敏さん、そして小浜奈々子さん、「笑点」で活躍している林家木久扇さんの推せんが一言ずつ写真入りで載っている。図々しく本の宣伝をしてしまったが来月下旬には書店に並ぶので、ぜひ手にとって御覧になっていただけたらと思っている。前述した通り、厚さ四センチもある持ち重りのする本になる予定。私自身その量に驚いている。

京都に住む友人からの花見のお誘いも仕事と風邪で流れてしまった。成田に道場をもつ日本の剣術の流祖である香取神道流の大竹利典先生も高弟の崎本平一郎さんも、お二人そろって、今年は卆寿《そつじゅ》を迎えた。私はちょうどお二人より一〇歳若いことになる。三人だけで佐原へ鰻を食べに行って誕生会をやろうということになっていたが、これも流れた。しかし、この方は天候が定まり次第実行することになっている。年のせいで、どうしても外出はおっくうになるので、もっと積極的に外出しようと心掛けてはいるのだが……。

大竹先生の居室には私がプレゼントした「那須与一」の絵と唱歌の「朧月夜」の絵が飾られている。有難いことだと思っている。

このところ、私も童謡、唱歌に凝っていて、毎夜子守歌代わりに聴いているが、今はあまり使われない美しい日本語が沢山出てくるので、一人興奮することが多い。

出版する本の構成と校正で今月号は文章も大いに

乱れた。お許しいただきたい。

江戸川の朱桜が
滝のように散った日の
ああ泣きたいような遠い昔よ
飯盛女の貝のような耳

平野威馬雄

（二〇一五年四月　連載46）

「朧（おぼろ）月夜」筆者画

五

## 懐かしい木遣《きや》りの声と浅草の三社祭

◆

けたたましい子どもたちの元気な笑い声で目が覚めた。ゴールデン・ウィークもとっくに過ぎて、元気に連れ立って登校する子どもたちの姿は、いつ見ても楽しい気分になる。

テレビから木遣りの声が流れて来たが、龍角散のコマーシャルだった。

木遣りの声を聞くと、何ともいえず良い心持ちになる。神田に住む友人から、九日、一〇日の神田祭に招ばれたが、九日は病院の定期検診日だったし、近頃は人ごみがますます苦手になり、辞退してしまった。

続いて一五日から三日間は浅草の三社祭である。この方は三人の友人から誘いがあった。

皆元気でいいなぁーと羨ましくなる。といっても、私は今病気を持っている訳ではない。

月に一度松戸駅近くの新東京ハートクリニックへ通院し、検査をし、薬をもらって来るが、「今月は久々に細かい検査をしましょう」と先生に言われ、色々な検査もしたのでちょっと大げさだが一日がかりになってしまった。

結果は上々で、今のところどこにもガンの兆候も認められないそうで、本当にありがたいことだと思っている。

昭和52年（1977）、三社祭当日に行われた吉原松葉屋花魁（おいらん）道中

主治医と仰ぐ金澤明彦先生には、もう十数年お世話になっている。私にとっての神様であり、ありがたい出会いに感謝している。

私は平成一三年（二〇〇一）五月、解離性大動脈瘤で緊急入院し、ちょうど八年間薬で状態を保ってきたが、ついに平成二一年（二〇〇九）手術をせざるを得ない状態になってしまった。「執刀医は私に選ばせてほしい」と言ってくれた金澤先生のお言葉は一生忘れられぬ有難い言葉として私の心に深く残されている。そして大きな手術だったが、執刀してくださったのが順天堂医院の天野篤教授（天皇陛下の執刀医）で、私はこの偉大な両先生のお陰で命をつないでいただいた。

本当に幸せな巡り合いに心から感謝している。

三社祭が過ぎると、東京では入谷の朝顔市。梅雨期が間に入るが、いよいよ今年も夏本番がやってくる。浅草寺の四万六千日（ほおずき市）や隅田川花火大会。新しい風物となったサンバカーニバルも、もう目の前に迫っている。

前にも報告したが、本シリーズの一回目から昨年いっぱいまでが単行本として発行されることになった。六〇〇頁を越す大冊となり、厚さも四センチ程になってしまった。

友人たちが出版記念会をやってくれることになり、今名簿作りに追われている。

ずいぶん恥多い部分もあるが、そんな生き方をしてきた訳だから、今更愚痴っても始まらない。先日かつての仲間の集まりが浅草であり、時間が余ったので、一人で六区を歩いてみた。

やっぱり思い出してしまうのは、昭和三〇年代半ばまでの繁栄していた頃の六区の姿である。

誰かの文に「浅草」は東京の浅草ではなく日本の「浅草」である――というのがあった。

今の六区興行街の凋落ぶりは私にはどうしても信じられない。戦後のあの活気に満ちた浅草が恋しくてたまらない。つい先日も元ＳＫＤの千景みつるさんと国際劇場の思い出を長々と電話で話し合った。名物のひとつだったフインダンスのアトミックガールズにしても、チャチャと足並みをそろえる時、音を快く響かせるため、タップダンス用の靴をはいていたそうで、「あの靴がとっても重かったのよー」と当事者でしか分からない話もあって、とても楽しかった。ご承知の通り、浅草寺本堂は昭和二〇年（一九四五）三月一〇日の東京大空襲で灰燼と帰したが、隣接する浅草神社（三社様）は焼失を免れた。それにしても浅草寺本堂は開基以来、幾度も焼失と再建をくり返してきた。

戦災で焼失した本堂は徳川家光が寛永一二年（一六三五）三月再建したが、寛永一九年二月焼失。家光は再び慶安二年（一六四九）一二月、間口一〇四尺四寸、奥行九五尺四寸の堂宇を再建した。この堂宇は、元禄以降の大修理を経て、昭和二〇年の大空襲の夜まで存在した。

戦後すぐの昭和二〇年一〇月には仮本堂が完成。一一月一八日落慶法要が営まれている。

私にとっては疎開先の千葉県柏で、「東京恋し」「浅草恋し」の想いが強かったので、戦後すぐに駆けつけたこの仮本堂時代がたまらなく懐かしい。


林芙美子の短編小説に「下町（ダウンタウン）」という作品があるが、戦後の空気が色濃く伝わってくる短編で、夫がシベリアに抑留中で子どもを抱え、お茶を行商する「りよ」という女主人公が、ふとしたことで知り合った男とある日浅草へ出かけるという場面がある。

雨に遭い、仕方なく入った汚い宿で……ということになるのだが、「浅草は朱塗りの観音様も小さくてつまらなかった……」という描写があるが、これが仮本堂時代の話である。

この作品、山田五十鈴主演で映画化されたが、先日思いがけずビデオで観ることができた。

現在の鉄筋コンクリートの本堂は、戦後の昭和二六年再建に着手。昭和三三年（一九五八）一〇月一七日に落成した。

再建の費用の一部として浅草公園の大池（通称「ひょうたん池」）も姿を消した。

当時再建費用を集めるため、静岡の方まで観音様本尊を出張させたニュース映画を見たことがある。「浅草の観音様も商売上手で、きょうは静岡まで本堂の再建費用の浄財を集めに来ました……」というアナウンサーの声が耳に残っている。浅草六区は変貌してしまったが、雷門から浅草寺周辺は外国の観光客も多く、毎日大変な賑わいである。まさに島倉千代子が歌う「東京だよおっ母さん」の中にある通り、「お祭みたいに賑やかネ」——の通りである。

そうあの歌はたしか昭和三二年の歌だった。

この歌が流行った頃は浅草六区も全盛だった。まあこれ以上愚痴を言っても仕方ない。

友人に招かれて、頭《かしら》たちが集まって「木遣り」の稽古をしている席に同席したことがあった。今でも全身の毛が総毛立つほど感激したのを覚えている。

作家の安藤鶴夫先生や新国劇の島田正吾さんも

「木遣り」に送られて旅立ったように聞いている。

すばらしい葬儀だったろうと想像している。

今月掲載した写真は、すべて昭和五二年（一九七七）の三社祭当日のものである。この日は吉原松葉屋の花魁道中も行われた。

五〇年代でも浅草六区の凋落は激しく、カメラを向けること自体ためらわれた。

昭和52年、すっかり活気がなくなってしまった浅草六区興行街

話題を変えよう。

先月号でも触れたが、昭和一八年（一九四三）四月一八日、連合艦隊司令長官山本五十六が戦死した。

この死は一か月以上伏せられ、五月二一日午後三時のニュースで発表された。

夏場所一〇日目の国技館では取り組みを中断して役員力士が整列。観客も全員起立。「海行かば」の奏楽下全員黙祷を捧げた（阿部達二「歳時記くずし」より）。

取り組みが再開された青葉山（東前頭十枚目）と龍王山（西十七枚目）の対戦は双方ゆずらず二番取り直しとなったが、またも水入り。引き分けとなった。相撲協会は軍神葬送の日、敢闘精神に欠けると言って両力士を出場停止処分としたという。

力士会長双葉山が協会に進言し、一三日目処分は解かれ、この日青葉山と龍王山は再び対戦。青葉山が右四つから寄り切ってやっと決着がついた――と記録にある。

櫓太鼓の音が五月の空に吸い込まれていく。

相撲の世界も大きく様変わりしてしまったが、今夏場所の真っ最中である。

げに今朝やまつりばんてん祭足袋　　久保田万太郎

（二〇一五年五月　連載47）

# 六

## 懐かしい舞台裏の空気と千景みつるさん

◆

本鈴《ほんれい》の前の予鈴《よれい》が舞台裏から楽屋へと鳴り響く。

空気が一瞬ぴりぴりとした電流のように駆け抜け、さあっと緊張感が暗い舞台裏全体に伝わってゆく。部外者である私にもその雰囲気は等しく伝わり、私はその瞬間がたまらなく好きだった。

旧友の弟のT君がサラリーマンになるのを嫌い、浅草の国際劇場の大道具へ入りたいと言って私に紹介を依頼してきた。昭和三〇年代、浅草六区がいちばん活況を呈していた頃のことである。当初私は猛反対したのだが、かなり強引な意志での頼みであり、長くは続かないだろうと思っていたが、その世界の水に合ったのか、ベテランの大道具係になってしまった。

国際劇場が姿を消し、彼は新橋演舞場へ移り、最後は有楽町の旧都庁跡に出来た東京国際フォーラムに転じたので、立場は逆転し、ミーハー体質の私は随分便宜をはかってもらって、あちこちの劇場の楽屋の空気を吸うことができた。

T君は深酒がたたったのか、わずか五〇代そこそこで結婚もしないで、彼岸に渡ってしまった。

それにしても、開演直前のあの張りつめた空気がたまらなく懐かしい。

## SKDの千景みつるさん

「沈清傳」の千景みつるさｎ（右）と大スターの小月冴子さん

SKDに籍を置いていた千景みつるさんから、当時の写真や記事がごそっと送られてきた。千景さんとは数年前、私が浅草有遊会に招かれて、浅草公会堂での講演会に行った時知り合った。有遊会というのは、かつては演芸評論家の小島貞二先生が会長を務めていた会で（現在は遠藤佳三代表）同好者が集まって洒落を競い合うといった笑文芸集団といったものである。
小島先生は力士あがりで相撲評論家としても知られていて、何度か入会を勧められたが時間がとれず辞退していた。
ちょっと話が逸れるが、島根県の東出雲町に花谷幸三さんというお方がいた。私の書いた著作物に興味を持ってくれて何回か訪ねてきてくれた。花谷さんは江戸時代末期に東出雲町から輩出された「陣幕」という力士の顕彰会の会長を務めていた人で、地元でも角界でも有名な人だった。
片足がちょっと不自由のようだったが、前出の小島先生とは相撲を通して親交があり、上京するごとに小島家へ訪れており、私も何回かお誘いを受けたが、それもなかなかスケジュールの都合のつかない日ばかりで果たせなかった。

小島貞二先生が市川市在住で、「わりと近くだから、そのうちお会いできるだろう」と思っていたが、ご縁がないままお二方とも故人になってしまった。それでも花谷さんによばれて松江市には数回行っている。

千景さんの話に戻るが、千景さんはＳＫＤ二七期生として松竹歌劇団に入団している。そして昭和四七年（一九七二）には森崎東監督の映画「藍より青く」に松坂慶子の妹役で出演している。

ちなみに「藍より青く」は、松坂慶子の第一回主演映画である。

ＳＫＤに入団した千景さんに大きな幸運が訪れる。昭和五一年（一九七六）二月、国際劇場第一回ミュージカル、韓国の民話「沈清傳《しんせいでん》――美しき睡蓮の物語」の主役に大抜擢されたのである。

以下に当時のプログラムにある作品の説明を引用させていただくと、「沈清傳」とは、紀元前二千年以上の昔、檀君王倹によって始められたと伝えられる。古い韓国において一五世紀、世界最初の金属活字を発明し、ハングルという朝鮮文字を作るなど、大いに文運の隆盛を見た折、人間の誠実な愛情の物語「春香伝」などと共に、口から口へと伝えられ、磨き上げられたこの「沈清傳」も世に出た。

この韓国の有名な古典物語は、古来貧しくとも楽しく助け合ってきた民衆生活、上に諂《へつら》い、下を虐げる小悪党の横行する政治的風土、民衆の心に深く根付いた仏教への信仰、夢幻的変化の中に真実を示す道教への信頼、純粋な孝心に表される民間道徳の伝承等々、長い民族の苦汁の歴史の中から作りあげられた貴重な作品であった。

伊藤雄之助、久松保夫、長谷川待子等の芸達者を加え、さらに韓国からは人気女優・崔銀姫、男優の金喜甲、人間文化財の朴貴妃らが出演するという話題作だった。

この作品は大きな話題を呼び、日韓親善の役割を果たした。

千景さんは、四年程でＳＫＤを退団。現在は日舞に洋舞にと過去の経験を生かし、ボランティアでも活躍している。

## 手拭いが取り持つ不思議な縁

その千景さんから、今度日舞「市山流」の名取りになったからといって、「市山流の舞踊の会」にお招きをいただいた。

会場は日本橋の水天宮近くだったが、私は親しい仲間を誘って出かけた。

家元の市山松十郎―はて、どこかで聞いたような名だったが、何と私とはちょっとご縁のあるお人だった。

柏市からは、かつて「柏市芸術文化振興審議委員」（だったかな？）という役を仰せつかって、定期的な会議によばれていた。その数人の中の一人が市山さんだった。

日舞を踊る千景みつるさん

ある時会議が始まる前に、市山さんが私の席に来て、「家内が根本さんに見せてあげてほしいと言って……」と一本の手拭いを差し出した。

私は手拭いを見て驚いてしまった。冒頭に書いたT君の家へ私は当時よく出かけていたが、T君の家の斜め前に岡田屋さんという履物屋さんがあった。柏の旧道に面していて、近所の人はお互いに気楽に出入りしていた。

T君の家は自転車屋で、T君の父親と私の父は同じ村の出で、親戚と言っていいような間柄だった。その岡田履物屋さんの娘さんが市山松十郎さんの奥さんなのだという。

岡田履物店は廃業し、当時喫茶店になっていた。

筆者がマンガを描いた岡田屋の手拭い

さらに岡田さんの店主はよくT君の家に出入りしていて、私とも旧知の間柄で、差し出された手拭いは正しく私が二十歳前後に描いたものだった。

岡田さんでは履物屋から喫茶店、今はその店も止めてしまったそうだが、私の描いた十二支のマンガの手拭いは未だに染色を変えたりして使い続けているのだという。

流石に世間は狭いものだなァと驚いてしまった。六〇年間使い続けているという手拭いを一本もらったが、千景さんとの距離がまた一段と近くなった思いだった。

千景さんの踊りの会の日には、もちろん家元の楽屋にも顔を出した。家元の奥さんは当時まだ幼かったが、私のことを「手拭いの絵を描いてくれた人」として覚えていてくれた。それにしても、奇遇だった。千景さんも驚いていた。

部外者だが、楽屋裏の空気がたまらなく懐かしい。国際劇場の例で言えば、名物の屋台崩し（舞台の家が大火事で焼け落ちる様や、山が崩れたりするスペクタクルシーン）も大道具さんが皆手仕事で手際よく行っていた。

舞台は広いが国際劇場の舞台に廻り舞台はない。映画が上映され始めると、スクリーンの裏はすぐに仕事場になり、大道具の背景画の製作にかかる。舞台が仕事場なので仕事はどうしても夜になる。

四大踊りの前は幾日も徹夜になり、酒をあおりながら夜を徹してバケツに溶いた泥絵具で絵を描き続ける。身体に良い訳はない。しかし今となっては邪魔にならないようにしながら過ごした舞台裏の夜がたまらなく懐かしい。

初日の前日には「通し稽古」というのがあった。踊り子も本物の衣装をつけて、本番と同様に演ずる。演出の先生が怒鳴って、何回もやり直しをさせる。この徹夜稽古が労働基準法とかに触れて出来なくなってしまった。

一度大道具のセットで昼寝してしまい、ガラガラ動き出して、あわてて飛び降りたことがあった。思えばだらしない毎日を送っていたものと自ら恥じることばかりである。

千景さんとの昔話を楽しみにしている。

（二〇一五年六月　連載48）

## 七　ギリシャ危機に思う敗戦後の「新円切り換え」

◆

ギリシャの金融破綻にギリシャ国民はどのように対処しているのだろう。

私などは、もともとお金に縁のない人生を送って来たほうなので、想像もつかないが、日本でも行われた終戦直後の昭和二一年（一九四六）の「新円切り換え」が生々しく思い出された。

私は小学五年生の終わる頃だったが、子ども心に、よく暴動が起こらなかったものと後々まで不思議に思えてならなかった。終戦が前年の八月で、年を越したばかりの昭和二一年二月一七日に新円切り換えは行われた。

敗戦のショックと、すべてを失った放心と「負けたんだから仕方ない」という諦念の中、ただただ飢えに苦しんでいたすべての日本国民は、飢えの苦しみにのみ追われ、恐慌を起こすだけのエネルギーすら持ち合わせていなかったのかもしれない。

　昭和二一年二月一七日、インフレ阻止のため金融措置令なるものが施行され、一〇円以上のお札はすべて封鎖されて、預貯金の引き出しが禁止された。二月二五日から旧円と新円の交換が始まり、三月三日からは古いお札は使うことが出来なくなった。ただし新円の印刷が間に合わず、一部は旧券に切手状の証紙を貼付してスタートした。

　私も割り当てられた乏しい金額の証紙をこの手でお札に貼ったことをまざまざと思い出している。

神田駅前の雑踏

前述の通り、郵便貯金、郵便振替貯金は原則として支払い禁止。引き出し限度額は、毎月世帯主三〇〇円・世帯員一人一〇〇円、給料は五〇〇円までを現金。それ以上は封鎖という内容。預金はすべて封鎖となった。

　柏市駅前のYさんという家では、部屋中のふすまに使用出来なくなった紙幣をびっしり貼って、窓を開けて通る人に見せびらかしていた。自暴自棄になっての行動だったように思う。

　回収された膨大なお札はその後どこへ行ったのだろうかと思っていたら、津田幸好氏の「阿波踊り、撮った踊った四〇年」という書に、「古い紙幣は溶かされ、紙の浴衣が作られた。それで踊った」と記述されていた。

　衣料品不足とはいえ、妙な気がしたという。

　余談になるが、この新円切り換えと前後して、東京・神田の須田町—小川町間に電気の部品を売る露店、約一〇軒が登場。これが後の秋葉原電気屋街の始まりとなった。

　一一月には財産税法が公布されるが、預金の封鎖は、財産税徴収のための調査も兼ねていたという。前にも書いたが勤労者給与も新円で支払われるのは五〇〇円限りであり、「五〇〇円耐乏生活」などという言葉が口に出された。

主食の遅配が続き、闇の食糧で飢えをしのいでいた時代で、新円は闇商人と農漁村に集まり、昭和二二年（一九四七）六月の時点でも、新円は商業部門三七％、農漁村一八％、一般消費者には一〇％しか残っていなかったという記録が手元にある。

記録といえば昭和二〇年（一九四五）一〇月末現在の主要生活必需物資の基準価格と闇値（警視庁調べ）は、白米一升五三銭→七〇円、みそ一貫目二円→四〇円、醤油一リットル一円三二銭→六〇円、塩一貫目二円→四〇円、砂糖一貫目三円七五銭→一〇〇〇円、石けん一個一〇銭→二〇円、綿靴下一足五〇銭→四〇円、……とある。この数字が物語るように、当時の生活は悲惨をきわめた。

米穀の配給通帳制が外食券制とともに実施されたのは太平洋戦争開戦前からだったが、戦後の昭和二二年七月には、全国の料飲店の営業が停止になっている。しかし仄聞《そくぶん》によれば裏口営業で結構繁昌したという話を年長者から後になって聞かされた。

私自身の思い出としては、中学の修学旅行に東海道線の鈍行列車で往復夜行列車にゆられ、京都に一泊だけして奈良へも寄るという強行軍の旅をしたが、食事の回数分（一食一合分）の米を持参した旅行だった。

昭和二五年（一九五〇）になって、やっと東京で外食券なしで米以外の主食(そば、うどん、パンなど)が食べられるようになったが、私は外食券がなくて食事がとれなかった苦労を何回も味わっている。

浅草仲見世。向こうに見える松屋の中は焼失

山手線の混雑

その内、券なしの場合は料金に券の分の代金を上乗せして食事がとれるようになり、更にしばらくして券も必要なくなって食堂で米飯を食べられるようになったのだが、苦労したことばかり覚えていて、さて自由になったそれが昭和何年頃だったかは、すっかり忘れ去っていて、どうしても思い出せない。とに角闇市の活気は凄いものだったが、一般庶民にとって、多くは高嶺の花ばかりだった。

## 長く単純で複雑な五年間

今年も梅雨があけて、肌に真夏の暑さを感じると、どうしても空襲の日々と戦後の飢餓に苦しんだ日々に思いが行ってしまう。そんな自分が、情けなく悲しくなってしまう。少年の日の出来事なのに、当時の記憶は、しつこく脳裏に焼きついていて消え去ってくれない。

戦争を知らない人がどんどん増えて、平和ということに慣れてしまっていることが、何となく空恐ろしいような気もする。

戦争を知っている——といっても私達の世代は直接戦場で銃をとり、死と向かい合った世代ではない。そうした先人に比べれば大声で威張れる存在ではない。それでも少年の日に味わった辛苦の数々は脳裏に強く焼きついたままでいる。

「新円切り換え」なんて事も久しく誰からも思い出話としても登場して来ない。

そんな事もあったのかと始めて知る若い人も多い

かと思う。

台東区池之端にある下町風俗資料館で「東京の戦後展」というのを開き話題を呼んだことがあった。初代館長の松本和也氏と意気投合して壕舎（戦時中防空壕として使用していたものを住居にしたもの）を作り、中に入って一升びんに入れた米の中へ棒を入れて精米した様をお客様に体験していただいたりした。

好評だったので何年かして又同じ展覧会を開くことにしたが、壕舎を形どる焼けトタンとか古材など仲々入手困難になっていた。

一回目のポスターは私が手がけた。松本館長が私の家まで来て、「あんまり悲惨な絵になり過ぎても困るから、お母さんはどこかに一寸色気を出してください。背負っている赤ん坊は、痩せて栄養失調の筈だが、少し肥らせて可愛くしてください」とかいろいろ注文をつけて帰って行った。その松本さんも先年不帰の人となってしまった。

演出家の鴨下信一さんは、偶然私と同年だが、戦後の闇市のセットを忠実に作るのは不可能に近いと著書に書いていた。たしかに私が見た映画の中でも空襲とか戦後の闇市とか、列車の殺人的混雑さとか、実感され感心させられたシーンは本当に少ない。「音楽五人男」だったか本物の焼け跡が広がる中での入浴シーンがあって、これには感心させられた。真実はもっともっと深刻であり、迫力のともなうものだった。

鴨下氏は著書『誰も「戦後」を覚えていない』（文藝春秋刊）の冒頭近く「ぼくは戦後は三つの時期

渋谷のヤミ市

に分けられると勝手に決めている。まず『敗戦後』、これは昭和二五年に朝鮮戦争がはじまってその特需で日本がやっと息をつくまで。次の時代が『終戦後』。そして昭和三一年（一九五六）〈もはや戦後ではない〉が流行語となってから以降今日までが本当の『戦後』……（以下略）」これは正しい見識だと感心した。

今回書いた「新円切り換え」は正に「敗戦後」の話である。鴨下氏も書いているように「敗戦後」はそんなに長い間ではなかった。たった五年間だがそれはとても長い五年間でもあった。

そして、言葉に言いつくせぬ程、単純で複雑な五年間だった。

安保関連法案の是非をめぐって国会が揺れている。日本丸は、この先どこへ向かうのだろうか？「オモカージ　イッパーイ」針路は間違っていないだろうか？　無事に航海は続けられるのだろうか？傘寿を過ぎた老人のひとり言である。

（二〇一五年七月　連載49）

# 八　北海道・札幌にまで広がった読者に感謝

◆

松の内もあっけなく過ぎて、日々の流れも加速度を増してきた。

昨年六月に本紙に長く連載されてきたこの私のシリーズが単行本化されることになり、『忘れ得ぬ人々・思い出の風景』というタイトルで、北辰堂出版から出版された。

当初こんな大冊になるとは想像もつかなかったが、月一回の連載とはいえ、何分にも一〇年の長きにわたるものだったので、総ページ六一九頁という厚さだけでも四センチ強の厚い本になってしまった。

六月一〇日には、市ヶ谷の「アルカディア」で二〇〇人近いお人が集まり、身に余る立派な出版パーティを開いてくださって、力を貸してくださった友人、知人はもとより、毎月愛読してくださって応援してくださった多くの読者の皆様にも感謝感謝の一年であった。

特に写真の黒須路子さん、臼杵展子さんには毎月本紙を親しい友人や知人に送ってくださり、特に黒須さんには札幌の方にまで読者の輪を広げていただいた。また、本紙のホームページで読んでいただいている読者も全国におり、お便りをいただいたこともある。

バンドまで引き連れて司会を務めてくださった高原晃さん……書き出したらきりがない。

先日、その黒須路子さんから、なつかしいパントマイムのマルセル・マルソーの東京公演の際のプログラムを拝受した。

マルセル・カルネ監督の第二次大戦下の傑作「天井桟敷の人々」で主人公バティストを演じたバローのパントマイムに熱中した若き日を思い出して胸が熱くなるプレゼントだった。手許の記録では、バローが夫人のマドレーヌ・ルノーとともにオデオン座の団員を引率、巡業公演ではじめて来日したのはたしか昭和三〇年頃で、若き日の私は小遣いをはたいて公演に駆けつけた日を懐かしく思い出した。

そして関連して二人のちょっと変わった女性を思い出した。

ずっと後になるが、その頃年に1回ぐらいだが伊丹市梅木という所から私の家へ絵本を見に来る女性がいた。もう古い話なので実名を記してしまうが、堀田裕子さんという女性で、熱心な「絵本」のファンで、私が集めていた古い絵本をわざわざ見に来ていた。

時としてイケメンのボーイフレンドと一緒に来たこともあった。当時私の家には一〇坪ほどの書庫があったが、その部屋へこもっては熱心に絵本を見ていた。

その彼女がマルセル・マルソーの熱烈なファンであり、パリまで追いかけていって、ついには訳ありの仲になったという噂を風の便りで知った。私の家へは数年続いて訪れたが、そういえば、時折来ていたパリからの便りがぷっつりと来なくなって消息も絶えた。

　もう一人の女性は松江市から来た西山恵美子さんという女性で、この方は京都のお寺の出身で松江へ嫁いだと聞いたが、若い頃シュトルムの「みずうみ」を読んで感動し、大人になって落ち着いたら、ゆっくり読もうと思ったが、改めて読み返すと、若い頃の感動が甦らないので自分自身が不安になり、幼児の頃の「絵本の時代」にさかのぼり、失った感受性を取り戻したいと言って、誰に聞いたのか、わざわざ飛行機に乗って私に会いに来た。

　最初電話で、その旨を伝えて来たので、「そんな大したコレクションではない」と言って断ったが、結局私の言葉は受け取ったものの、やっぱり訪ねてきた。

　それからまた時が流れて、私が松江市で講演会を

出版パーティで、左から高原晃さん、筆者、高木ブーさん

ウルトラマンダンディきくち英一さん、（中）、桜井浩子さん（右）

元日劇MHのお二人、小浜奈々子さん（左）、若山昌子さん（右）

頼まれた折、そんな話をしたら、よんでくださった松江市の職員の方がすぐ探して連絡をしてくれて、宍道湖の湖畔のホテルのロビーで十数年ぶりで再会した。

一期一会というが、私はこの西山さんとは二度お会いした訳で、人とのつながりは本当に不思議なものだと思わざるをえない。

左から臼杵展子さん、筆者、黒須昭子さん

## 五か月の休載にお詫び

話は再び昨年に戻るが、六月の出版パーティの後、私は両眼の白内障の手術をした。

その頃再びひどい腰痛で苦しみ、原因は加齢によるものと病院で言われたが、念のため胃カメラと腸の内視鏡検査を受けることになった。

ところが腸はまったく異常がなかったが、思いがけず食道にガンの疑いありという報告をもらってしまった。

長寿社会を迎えていると言っても、来月には八一歳を迎える身にとってみれば、何が起こってもちっとも不思議ではないと覚悟している。

実は、食道ガンの方は続けて三回も胃カメラで検査をしたが、まだ結論が出ないで、今月二二日に四回目の胃カメラの検査をすることになっている。本紙が発行される頃には白黒の結論が出ているはずで、少し強がりを言っているが、やっぱり何となく落ち着かない毎日を送っている。

荒川区主催の「小松崎茂展」が一〇月から一二月にかけて開かれ、その上忘年会も全部で一〇以上のお誘いがあったが、その中で七つだけ出席した。新年会も二つ出席した。

呼んでくれるうちが花――と友人に言われたが、やっぱり年相応にセーブをしなくてはいけないと自戒しつつも、ついつい断りきれずに出かけてしまうことが多い。

そんなこんなで昨年後半はばたばた落ち着けず、本紙の連載もずっと休ませていただいた。励ましのお便りも何通か届き、こんな拙文を楽しみにしてくれている人もいてくださると思うと、有難さで手を合わせる思いで感謝している。

荒川区で開催された「続・下町の空想画家　小松崎茂展」のチラシ

先日、久しぶりに親しい人たちと連れ立って正月で賑わっている浅草へ出かけた。木馬亭で毎月公演している「浅草二一世紀」のドタバタ喜劇を観てきた。

数日後、仲間のメソポ田宮文明君に誘われて亀有で、「人生の約束」と「母と暮せば」の二本の映画を欲張って観てきた。

「人生の約束」の石橋冠監督は、テレビドラマで大ヒットした「池中玄太八〇キロ」を監督した方だが、映画の監督は初めてと聞いていた。

前述の私の本を出版してくれた北辰堂出版の今井恒雄会長の学生時代からの友人だそうで、「是非観てくれ」と今井会長からお知らせをいただいていた。

ダイナミックな富山・新湊（射水市）の曳山（山車）祭の映像は迫力満点で楽しく観させていただいた。

テレビ界では監督として知る人ぞ知る巨匠なの

で、この映画には竹野内豊をはじめ、西田敏行、江口洋介、ビートたけし等そうそうたる俳優が集まってきたという。

「母と暮せば」は皆様ご存知の方も多いと思うが、井上ひさし原作で黒木和雄監督で撮られた「父と暮せば」のオマージュだが、山田洋次監督が、いつものように手際よくまとめていた。近頃私もかなり感受性が鈍くなったようで、心の深いところまでは届きそうで届かなかった。

五か月の休載を心からお詫び申し上げて。今年もどうかよろしく――と皆様の御寿福をお祈りしつつ、今月はこの辺で。

（二〇一六年一月　連載50）

## 九

## 昭和の懐かしい力士と松飛台・松戸飛行場

◆

初場所で、大関琴奨菊が賜杯《しはい》を手にした。日本出身力士の優勝は平成一八年（二〇〇六）一月場所、大関栃東が優勝盃を抱いて以来、一〇年振りの快挙だった。

場所前にこの優勝を予想した人は角界関係者でも殆んどいなかったという。

幾度も番付の中で山や坂を昇り降りしてやっとつかんだ賜杯の重さは、どんなにか嬉しく両腕に残ったことと思う。

昭和の――というより近世の大横綱双葉山の六九連勝の大記録は今もって破られていないが昭和一一年（一九三六）春場所六日目に玉錦に敗れた後、七日目に瓊ノ浦《たまのうら》を下して以来、双葉山は、連勝街道を走り続けた。当時は東前頭三枚目だったが、どんどん勝ち進み、昭和一三年（一九三八）春場所、横綱に推挙され、一三日間全勝。

そして、一四年春場所を迎え、初日に五ッ嶋、二日目竜王山、三日目に駒ノ里を破って合計六九連勝。四日目に対戦したのが初顔合せだった新鋭前頭四枚目の安藝ノ海であった。

「双葉の前に双葉なく、双葉の後に双葉なし」と騒がれたこの大横綱双葉山の七〇勝目を阻んだのが、若武者安藝ノ海だった。

昭和15年に完成した松戸飛行場は民間パイロットの養成施設だったが、戦時下では陸軍の特攻基地や補助航空基地として使われた（2枚とも松戸市提供）

終戦直後、その双葉山を破った安藝ノ海一行が、（私の母校でもある）柏町（市）の東葛高校へ巡業で来柏した。一行の中には私の少年時代大好きだった増位山の姿もあった。

現在歌手としても活躍している増位山太志郎の父君のいわば先代の増位山である。身長は力士の中ではそんなに高い方ではなかったが、がっしりした体躯で、当時の私にとって大好きな「お相撲さん」の一人だった。東葛高校の校庭に設けられた仮設の土俵と観客席。夢中で声を出した少年の日がなつかしく思い出された。

## 松戸出身の大関松登

琴奨菊の優勝で、いろいろ相撲に関する思い出が甦った。近頃あまり話題にのぼらないが、松戸市出身では大関松登がいた。

昭和一六年（一九四一）一月場所、大山部屋に入門して初土俵を踏むが、入門の時点で三〇貫に迫る体躯は、すば抜けて目立ち、大山親方は、すごいアンコを掘り出したと評判になった。

初土俵場所は三戦して三敗だったが、徐々に番付を上げ、三段目に進んで満二〇歳に達した昭和一九年（一九四四）、徴兵検査で甲種合格になり応召されて、一時土俵を離れた。

昭和二〇年一一月復員して土俵を踏んだものの、五場所低迷が続いた。

昭和二三年、家業の不振を理由に、突如マゲを落として実家へ帰ってしまった。しかし大山親方の声涙ともにくだる説得を受けて、土俵に復帰した。

初金星を羽黒山から挙げたのは昭和二七年（一九五三）九月場所で、翌二八年一月場所に新三役へ進み、九月場所には関脇に昇進したが、二九年一月前頭二枚目に落ち、ここで奮起して一一勝四敗、敢闘賞を受賞して、再び関脇に返り咲いた。

仕切って時間一杯になるや、手に唾《つば》を吹きつける独特な土俵態度と、土俵際で一回転して向き直る癖から「マンボの松ちゃん」の愛称で親しまれた。

全盛時、体重は一五〇キロに達し、そのぶちかましは重戦車（タンク）とアダ名されるほどの威力を発揮するようになって、目標の的が大きい横綱の鏡里、吉葉山、千代の山、大関大内山などは格好の得意先であった。

しかし、栃錦、若乃花のような的の小さな技能派力士には通じず苦労した。

「マンボの松ちゃん」を印象づけたのは、二九年五月場所だった。前半は不調だったが、後半両手に思いきり唾をつけ突進。千代の山、鏡里の二横綱、大関三根山も破り、六連勝して殊勲賞を受賞した。

関脇の地位にあった三〇年（一九五五）九月場所では、横綱鏡里と最後まで優勝を争い、千秋楽に若乃花（先代）を太鼓腹に乗せて破り、一三勝二敗の好成績で二回目の殊勲賞を受賞。場所後、若乃花と同時に大関に昇進した。

明るい人柄の良さと、底抜けの大食いぶりで人気も高かった「マンボの松ちゃん」も、その後病気や怪我で苦しみ、昭和三六年（一九六二）引退し、大山部屋を継承した。

私の母方の叔父が相撲茶屋の株を持っていた関係

で角界の何人かの知己も得、「砂かぶり」（土俵下の席）で観戦させてもらったことも二回程有った。相撲見物といえば、あれは昭和という時代が終る頃だったか三井不動産に籍をおく友人のＳ君から枡席へ招待されたことがあった。

同行したＴ君から、「今日はネモちゃん（当時一部の友人からそう呼ばれていた）に紹介したい面白い女性がいるんだ！」そう告げられた。

紹介されたＫ子さんはその頃相撲記者をしていて、小柄でぴちぴちした美人さんだった。「薩摩オゴジョ」というか九州出身の熱血女性で父君は鹿児島では著名な代議士さんで鳩山一郎のブレーンの一人だったとＴ君から聞かされた。

Ｋ子さんは井筒部屋と親しく、紹介された時も「今まで寺尾の腰をもんでいたのよ」と明るい笑顔で話していた。御承知のように枡席へは男性が四人入ると窮屈で足も伸ばせない。

Ｋ子さんは、桟敷がすいている時間は、あちこち空いている席を探して観戦し、混んでくる時間になると、裏にさがって部屋でテレビ観戦をするのだと言っていた。しかしこの日の私達の席は極上の席だったので、「私もお邪魔して良いかしら」と言って私達四人の中に割り込んで来た。

私が前列に座っていたので、何と私の右腿にまたがるように腰かけてしまった。

更に彼女はたいへんな酒豪で私のひざの上でぐいぐいコップ酒を飲み、黄色い声で親しい力士を応援するので、その度に周囲の人の視線が私の席に集中するので恥ずかしくて観戦どころではなくなってしまった。

それだけではない。小柄ながら魅力的な彼女のプリプリしたヒップが私の右腿の上でぐりぐりと躍動するので足のしびれは限度を越えるし、土俵に集中するどころではなくなってしまった。寺尾が土俵にあがると、一層声を張り上げて「テラオ〜〜」と叫んで、近くからの声援なので色白な寺尾がぽっと頬を染めて視線を外しながら塩をつけていたのを懐かしく思い出している。

実はこの稿を書くにあたり、古い電話帳を探し出して、思いきって電話をしてみたら、まったく思いがけず本人の元気な声がはね返って来た。

突然の電話で彼女も驚いたようだったが、「懐かしい、懐かしい」と喜んでくれて、私も忘れていた昔の話を思い出させてくれた。

国技館での初対面のあと、私は彼女と数回逢っているが、二〇年以上の昔のはなしなのにそのことをすべて覚えていてくれて、電話を切った後、このまさかの巡り合いに、人生って楽しいもんだなあとしみじみとした思いに耽った。

不祥事が続いてこの先大相撲はどうなるかと思ったが先場所は満員御礼の連続だった。琴奨菊の優勝もあって来月の春場所もきっと盛りあがるのではないかと期待している。

## 帝都防空用陸軍飛行場

ところで話はがらりと変わるが、やがて弥生三月一〇日は東京大空襲の劫火の夜。そして一一日は未だ傷口も癒えない東日本大震災のあの日。季節は春を迎えるというのに心が痛む思い出の日が続く……。

そういえば琴奨菊の所属する佐渡ヶ嶽部屋は松戸市串崎南町にあるが、戦時中この辺りには「松飛台」の名が残るとおり、陸軍の飛行場があって、この松

松戸飛行場に配備され帝都防空にあたった「屠龍」（小松崎茂・画）

戸航空隊は、Ｂ29の迎撃に大奮闘した。帝都防空用陸軍飛行場ということで、この飛行場には夜間戦闘機「屠龍《とりゅう》」をはじめ「飛燕《ひえん》」「隼《はやぶさ》」などが配備されて過酷な死闘をくり返し終戦の日を迎えた。

　東京大空襲からはすでに七一年もの歳月が流れ去っている。東日本大震災からは五年目。まだまだ多くの人が苦しんでいる。

おなじく松戸飛行場に配備された「飛燕」（小松崎茂・画）

　戦災といえば、私が描いた焼け跡に立つ親子の絵はタッチを変えて大小二枚あるが、大きい方は九段下の「昭和館」に展示されることになり、小さい方も作家の早乙女勝元先生が館長をつとめる江東区北砂にある「戦災資料センター」に展示されることになった。

　平和の時代が続いて、心から有難いと思っているが、北朝鮮のミサイル発射をはじめ、世界中が良くない方に流れはじめているように思えてならない。取り返しのつかないことが起こらないように。大きな天災が来ないように。近づく春の足音に耳をすましながら、ひたすら祈り続ける毎日である。（本文では親しい塩沢実信先生の近著「昭和平成大相撲名力士一〇〇列伝」〈北辰堂刊〉から色々引かせていただいた。ありがとうございました）

（二〇一六年二月　連載51）

## 一〇　八木天水画伯の桜の絵で思い出す春の記憶

◆

この稿を書いている今は、まさに「春は名のみの風の寒さや……」の唱歌『早春賦』の世界そのものである。

三月には一〇日の東京大空襲の劫火の夜、一一日は東日本大震災の恐怖の日と心がえぐられるような苦しい思い出の日が続いている。

たしかオウム真理教の「地下鉄サリン事件」も三月だったように記憶している。

天災、空襲、事件……と各々直接被害を受けた方々にとっては、三月を苦しみと悲しみのつらい月として迎えていることと思う。

心に深く刻みこまれた悲しみは、なかなかに癒されるものではない。その人の生ある限り苦しみは続くと思う。

しかし、やがて桜前線北上のニュースも聞こえて来るだろうし、この新聞が発行される頃にはこの辺りも桜、桜、桜の世界が訪れていることと思う。地球全体の異常気象が騒がれているが、やがて今年も春はきっときっと巡ってくると信じている。

### 桜に憑かれ、桜一筋に

桜といえば私にとって真先に思い出されるのは桜に憑かれ、桜一筋に作品を発表している八木天水画伯のことである。

八木さんとは、一〇年以上前に私が柏市で個展を開いていた折、会場で識り合って、親しくなった。いつも静かで折目正しいジェントルマンで心から尊敬している。本来は先生と呼ぶべきお方だが親しみをこめてここでは八木さんと呼ばせていただく。

昨年六月の私の出版記念会にも御夫妻で出席してくださった。富士と桜花を描く八木さんのファンには外国の方も多く、近頃は全国的にファン層も拡がり、私も嬉しく思っている。先程も電話でお話ししたが、今は九州の博多で個展を開催中で、元気な声が返ってきた。全国に先がけて花咲おじさん（まだおじいさんではない）は意気軒昂《いきけんこう》である。今月の紙面は、尊敬する八木さんの描く桜で飾らせていただいた。

八木天水「奈良　吉野山」

八木さんの作品は筆で描いた絵ではない。「彩密和紙絵」と称して、多彩な和紙をちぎったり、切ったりしてそれを幾重にも貼って表現するもので、画面全体から独特な日本情緒が漂ってくる。勿論八木

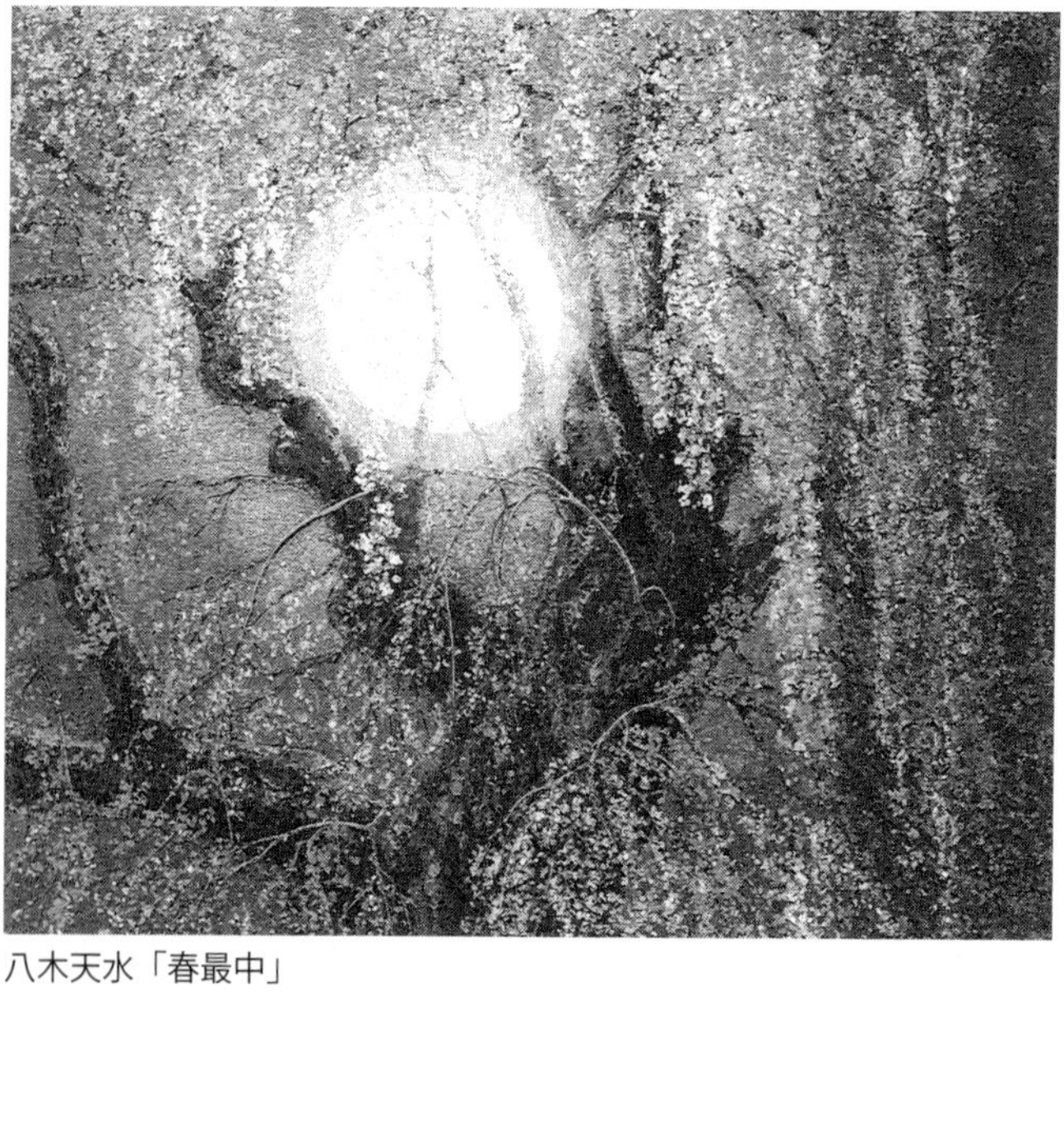

八木天水「春最中」

八木夫妻と筆者（中）

さんには多くの受賞歴もあるが、私は八木さんの人柄が大好きで、益々の御活躍を心からお祈りしている。

一寸話題が変わるが、本日大阪で絵手紙を教えている古い友人から便りをいただいた。

一〇年振りぐらいのことで、手際よい筆致でスイートピーの絵が描かれており、「逢いたいなァ」と一筆だけ書かれてあった。そういえばスイートピーの花言葉は、「旅立ち、門出」とあるから、まさに三月は巣立ちの季節で、又三月は卒業式の季節でもある。

私は創価学会の会員ではないが、理事長の長谷川重夫氏には日頃何かとお世話になっていて、一昨年夏には東京富士美術館で師の「小松崎茂展」を開いて下さったり、昨年は創価大学の卒業式に来賓の一人として招いてくださった。大勢の来賓にまじって壇上から立派な卒業式を拝見した。

いつも気にしているが、近頃の小、中学校での卒業式では定番だった「蛍の光」とか「仰げば尊し」の歌などはあまり歌われなくなったと耳にした。

「蛍の光」は皆様御存知の通り、もとはスコットランドの民謡で、古語の英詩「久しき昔」の旋律である。

日本の唱歌集では「蛍」という題で発表された。世界的には別れの曲として用いられ、港を出航する時には、各国ともこの旋律が奏せられる。私達の世代では、卒業生を送り出す歌として、何とも懐かしい旋律である。

かつて、渋沢秀雄氏は、「この歌を聞くと、甘い悲しさというか、悲しい甘さというか、法悦のような感銘を受ける」と何かに書いていた。実はつい先日、久々にＤＶＤでマーヴィン・ルロイ監督の「哀愁」を観た。

ロバート・テイラーとヴィヴィアン・リーの主人公二人がキャンドル・クラブで踊る場面があるが、ラストダンスに流れる曲がこの旋律で、（もう何回観たことだろう）と思いつつも、この甘美な悲恋映画を見返して若かった昔を思い出して又、胸を熱くした。うろ覚えだが、朝鮮動乱を背景にした「鬼軍曹ザック」というアメリカ映画があった。

その映画の中で、大韓民国の国歌だと言って流れたのが、たしかこの曲だった。

はっきりした記憶ではないが韓国であの戦争の当時、国歌として使われていたのを聞いて驚いたことがあったが、これは私の勘違いだったかもしれない。

## 京都、奈良、大阪の桜旅行

八木さんの話から又脱線してしまったが私にも桜に関して忘れられない思い出がある。もう何年ぐらい前のことだったろうか……。そう映画「タイタニック」が封切された頃だから、調べてみると、もう二〇年近い歳月が流れていて驚かされた。

その頃親しくしていたＭ子さんと連れ出って、京都、奈良、大阪と延べ一〇日間かけて、桜を満喫した年があった。

最後のコースの大阪で一日雨の日に遭い、その日は花見をあきらめて大阪駅近くの映画館でロードショウの「タイタニック」を観たのを書いているう

八木天水「白川舞妓」

ちにふと思い出した。

京都からスタートし、桜の名所として知られる場所は事前に詳しく調べておいたのでゆっくり桜、桜の日を送った。京都だけで宿を変えて四泊した。奈良の吉野山の桜もちょうど見頃で、奈良にも三泊した。

吉野山で一日過した翌日私達は奈良の平城京跡に寄ることにした。ちょうど昼を少しまわった頃だったが見渡す限り何もない広い広い遺跡の中に復元された朱雀門がたった一つだけ建っていて、その場に立った同行のM子さんは、その場所がすっかり気に入ってしまい、太い柱に寄りかかったまま、いくら他へ移ろうと言っても、その場を動こうとはしなかった。その日私の予定では、レンタサイクルで大好きな秋篠寺の伎芸天に久々に会いに行くことにしていたが、何と夕刻まで何もない朱雀門で過ごしてしまった。

実は彼女は長く心の病いを患っていたので、そのための桜旅行だったが、彼女は頑としてその場を離れようとしなかった。


日が落ちて、花冷えの風を肌に感じはじめた頃やっと彼女は帰途についてくれたが、あの時彼女の眼は半日もの間何を見ていたのだろうか、そして彼女の心は何を感じていたのか、長い時間、私はなす術《すべ》もなく、じっと見守り続けただけだった。私達二人の桜旅行は、大阪の桜の宮の造幣局の桜の通り抜けで終わったが、後々になっても彼女は平城京跡の何もない朱雀門での半日を懐かしく話していた。そしてそれから数年後、彼女は病いのため、不幸な最期を迎え、一人淋しく彼岸に旅立った。

桜は元来陽気な花の筈だが、八木さんの桜の絵からも言い知れぬかなしい思いが伝わってくる絵もある。

年を重ねて、今ではあの春のような一〇日間ものハードスケジュール旅行は体力的に考えられない仕儀になってしまったが、京都で、ふと通りすがりに寄った名も知らぬ小さな寺に咲いていた一本の桜などがふと思い出されて、「あれはどの辺りだったたろう。も一度行ってみたいなァ」と夢見ることがある。

去年の春　逢へりし君に　恋ひにてし
桜の花は　迎へけらしも

若宮年魚麿
「万葉集」

ふるさとと　なりにし奈良の　都にも
色はかわらず　花は咲きにけり

平城帝
「古今和歌集」

はかなさを　外にもいはじ　桜ばな
さきては散らぬ　あはれ世の中

藤原実定
「新古今和歌集」

（二〇一六年三月　連載52）

## 二

## 「貞兄」こと湯浅貞一郎さんの思い出

◆

本紙二月号の末尾に、（世界の政治情勢から）「取り返しのつかないことが起こらないように」「大きな天災が来ないように」――近づく春の足音に耳をすましながら、ひたすら祈り続ける毎日である――と書いたが、又もや大きな災害が発生してしまった。

熊本地震が起こった一四日の夜九時二六分以降、次々と起こる大きな地震のニュースにテレビに釘付けとなり、仕事にも手がつかなくなってしまった。

熊本の三角（みすみ）には、母の従妹ながら、私の幼年時代「姉ちゃん」と呼んで一緒に生活した一家が住んでいる。又菊池市には少女雑誌の凄いコレクターの村崎修三氏も居り、この方には色々親しくさせていただいた。

あれこれ思うと気が気ではない。しかし、原稿の締め切りも迫っており、心苦しくも今もって地獄の時を過ごしている皆様に一人でも多くの御無事をお祈りしつつ今月分の原稿に取りかかることにする。

## 戦争で一人ぼっちに

私の幼馴染みに通称「貞ちゃん」本名湯浅貞一郎という友がいた。師の小松崎茂先生が当時の田舎町「柏」へ越して来たのは昭和二六年（一九五一）三月末のことだった。風の便りにその「貞ちゃん」が先生の家へ居候をしているというのを耳にし、その再会も楽しみにしていた。

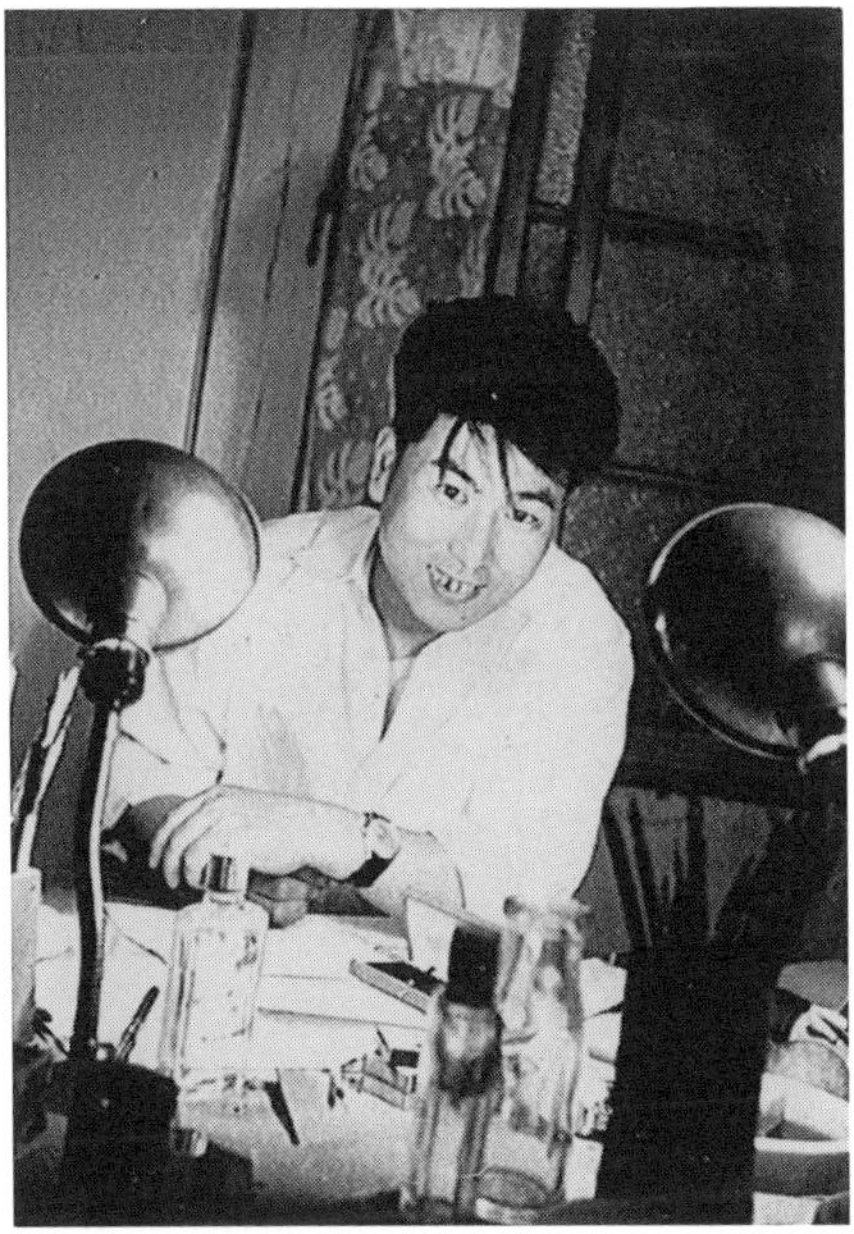
若い頃の湯浅貞一郎さん

「貞ちゃん」は私より五歳年長だったので、以下「貞兄」として書き続けることにする。

師の小松崎先生は戦後、「戦争を起こしたのは我々大人であり、苦労している若い人の面倒を見るのは我々の責務である――」として、柏に来る前、狭い家に多くの若者を引きとっていた。戦後の飢餓に苦しんだあの極限状態の中でである。貞兄もその一人だったが、転居して来た先生一家に貞兄の姿はなかった。

丁度結核を患い、銚子にあった療養所に入院中で逢えなかった貞兄と再会したのは、それから二年余り後のことだった。肋骨を何本か切除して一応病気は一区切りしての退院だった。昭和一七年（一九四二）頃、少年航空兵を志した貞兄を涙ながらに南千住のホームで見送った日から一〇年余りの歳月が流れていた。

貞兄の家は小鳥屋を営んでいて、小柄な父親が、いつも浅草寺の境内、二天門の近くで鳥籠を並べて商売をしていた。母親や、博子さんという美人のお姉さんは、家が私の家から四軒目だったので始終私の家へ出入りしていた。昭和二〇年（一九四五）三月一〇日の東京大空襲で母親と周ちゃんという弟が犠牲になった。

そして、戦後すぐに父親とお姉さんが、栄養失調と結核で世を去り、貞兄は文字通り一人ぽっちになり、噂を便りに戦前から出入りしていた小松崎家を尋ね当て、居候となったが、今度は自身が結核を発病して療養所へ入っていたという訳である。

退院して小松崎家で一緒に生活することになったが、若い人が多いので、先生は結核の感染を恐れて、庭の隅に三畳一間の小屋を建て、貞兄を一人住まわせた。

ところが私達は先生の目をぬすんで、よくその小屋へ出かけ、折り重なるように一つの布団の中で固まって話しこんだりしていたのだから、これは文字通り「親の心子知らず」の典型のようなものだった。

貞兄は幼少期から異常ともいえる苦労を重ねたせいかすこぶる真面目なのに奇行の多かった人で、そのひとつひとつを取りあげたら、それだけで一冊の本が書ける程で、友人として、いや年下の後輩として、私もそれなりに苦労をした。

程なく貞兄は編集者の紹介で版下屋の勉強をすることになり、当時売れっ子の版下屋の許へ移り、しばらくして独立した。

今は、パソコンひとつで何でも出来てしまうが、当時は雑誌の活字以外の文字や、時にはカットまで版下屋の手描きによるもので、ベテランの版下屋となればかなりの収入を得ていた。貞兄は水道橋駅から神保町へ向う大通りにあった「はるな食堂」（今は無い）の角を曲がった質屋の隣りのアパートへ移り仕事を始めた。

はるな食堂は外食券食堂で、まだ主食の米飯を食べるには外食券が要る時代だった。

何しろ付け焼刃で仕事を覚え、仕事は取って来ても、まだそれをこなす技術は充分に整っていなかった。私はよく三畳一間で水道は使用しないという約束で借りたアパートへ呼び出されて仕事を手伝わされた。公然と水道は使えないので人目のない時、こっそり筆洗の水を汲んで来て、コップひとつないので人目を忍んで手の平で水をそそくさと飲んだ。徹夜が多かったので、朝になると水道橋駅のガード下にあったトイレで顔を洗った。

駅からは朝のラッシュでどっと人が吐き出されて来る。駅のトイレで洗顔をしている私には大勢の人の波が朝日の中でまぶしく目に映った。

前に書いたように貞兄は相当な変人であり、早とちりでおっちょこちょいだった。仕事に少し慣れて来た頃、秋田書店の専属みたいになったが折り込みの翌月号の予告に「冒険王」「漫画王」とかなり大きな文字を書いたが、何を勘違いしたか「王」の字を「玉」と書いてしまい、担当編集者も気付かずに出版されてしまった。「冒険玉」「漫画玉」事件はしばらく尾をひいた。

又、ある日私が偶然寄った時、彼が秋田書店から興奮して戻って来て、「お前が来るのは判っていたんで仕事持って来た。一寸描いてくれ！」と石ノ森章太郎さんの原稿を差し出した。銀座の絵で老人が一人うずくまっているだけの絵で、「バックに銀座のネオンをぎっしり描いてくれ」と一頁まるまるの注文だった。

その頃手塚治虫さんも原稿が遅いので編集者が腹いせに「手塚治虫」という名前にルビを振って、わざと「うそむし」とか「おそむし」などといたずらして、ささやかなうさ晴らしをしていた。石ノ森さんとは親しかったので、ネオンの文字をそんないたずらも盛りこんでかなり時間を掛けて一頁を仕上げた。

ところが、これも貞兄の早とちりで、「その時銀座中のネオンが一斉に消えた！」という頁だったことが直後に判り、私は「こん畜生！」と思いながらその頁を真っ黒に塗りつぶした。

貞兄は鰻が好物で、よくあちこちにあったチェーン店の安い「登亭のうなぎ」を食べに出かけた。因みに当時「登亭」の土産用の包装紙は私が描いたものので、長く使ってくれたが、貞兄は登亭のうなぎが性に合ったらしかった。

後年私がどうにか忙しく稼いでいた頃、浅草橋にある老舗のうなぎ屋へ招待したが、「登亭の方が旨い！」といってゆずらなかった。

貞兄が水なし三畳間のアパート時代、療養所仲間の「大森アッチ」という人に紹介された。食物も満足にない結核療養所での患者同志の絆は特別なものらしく、本当に親しそうだった。大森アッチ――本当は大森厚。私は数回の出会いだったが、大森さんが今は北区にある中央工学校の理事長であり、昨年八月その訃報を新聞で知った。

大森さんは、元全国専修学校各種学校総連合会長という要職にもあった人だが、八方破れの貞兄との不思議な仲が面白かった。

更に私の親友でもある柏市在住の福山広重さんと大森さんは小学時代から机を並べた親友と聞き驚かされた。中央工学校はもとは南大塚の方にあったように聞いている。田中角栄がここで学んだことで知られていて、不思議な縁も感じた。

貞兄のエピソードは多すぎて書ききれなかった。手紙も一人よがりで内容が判らないものが多かったが、ある日ハガキにマジックで真っ黒な人形みたいな絵が描いてあり、「スミちゃん（奥さんの名）死んだマックロケのケ」と書いてあり、電話をすると昼火事で家が全焼して奥さんが焼死したとあって私は驚きで声を失った。

それから少したって、彼も彼岸の人となった。人生は不公平なもので、いつも不幸な人生というと彼を思い出してしまう。

三人の娘に恵まれたが、奥さんと三人の娘が炬燵に入ると、「オレの入る場所が無《ね》えんだ」と嘆いていた貞兄を思い出す。

今月は九州の大地震のことで書きたいテーマが書

「森のハミング」（筆者・画）

けなかった。地震の不幸に巡り合ってしまった人には悼みも慰めの言葉も見つからない。心から合掌するのみである。

（二〇一六年四月　連載53）

「春が来た」（筆者・画）

## 三　小松崎茂が唯一ライバル視した弟子・髙荷義之

◆

来月末近く共立女子大学から講演会の話が舞いこんだ。テーマはまちまちだが、時折こうした話が持ちこまれ時には地方へも招かれることがある。「まるで旅役者みたいだなー」少からず自嘲の思いにとらわれる事もある。

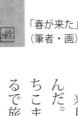

何年か前に山本晋也カントクが取材に来た時、「知ったか振ったり、年寄りぶったりで一寸嫌だなァ」と言ったら、カントクから、「いやあ私達はもう立派な年寄りですよ」と逆にたしなめられた。

講演のあとの質問コーナーで、よく「弟子って何をするんですか？」と聞かれることがある。現在のマンガ家や劇画家のアシスタントとは一寸ニュアンスが異なるので、当時の従弟制度は今の若い人には中々理解出来ないかもしれない。先生の家へ通うか住込んだりして生活を共にして色々雑用を手伝いながら、師からいわば無言の教えを得るといったもので、犬の散歩、夕食の買物、参考書の整理、その他すべての雑用をこなすのである。

　あこがれの先生と起居を共にし、原稿督促に泊りがけに来ている各出版社の編集者に囲まれて、私自身は僅かの疑問を胸の奥に感じながらも嬉しくてたまらない夢のような日々を送っていた。「小松崎先生の弟子というのは全部で何人ぐらいいたの？」これもよく聞かれる。今となっては（大した自慢にはならないが）亡くなった先生も忘れてしまっていたし、おそらく私のみの知るところとなっていることと思う。通いと住み込みの弟子を含めて（私の記録では）二五名にのぼる。

若き日の髙荷義之氏。
昭和31年（1956）11月7日撮影

　その他私淑していた人、自称弟子を名乗っていた人を入れると、かなりの人数になる。

## ピカ一の才能の持ち主

　その多くの弟子の中で、何といってもピカ一と呼んでいいのが今月取りあげさせていただいた髙荷義之さんである。昭和二八年（一九五三）は小松崎先生の仕事の中でも（絵物語）の大ブームの頃で、一番忙しい時だった。入門順に並べれば私は四番目に当るが、一番弟子の秋田県湯沢市出身の岩井川峻一さんが独立した直後で、一番忙しい時代に書生として私は一人で住み込んでいた。先に書いたように一人で雑用をこなしていた訳で、丁度その頃前から居たハナちゃんというお手伝いさんが結婚を機に小松崎家を去ることになっていた。

　小松崎家にはお手伝いさんは常に二人住込んでい

たが、その一人が欠けることになり、小松崎家では大変に困ってしまった。

ちょうどその最中に髙荷さんと福島県郡山市出身の長岡美好さんが入門を願い出て来た。

髙荷さんは群馬県前橋市に昭和一〇年(一九三五)一二月二八日に生まれている。もともと天才肌の高荷さんは、はじめ当時少年雑誌界の帝王として君臨していた「少年王者」の山川惣治先生宅へ弟子として入りたかったようだが、縁がなかったようで小松崎宅へ住み込むことになった。

(私個人の思いだが)先生はお手伝いさんを一人探す条件で、髙荷さんの入門を許した。

この非常識な話に私は陰で義憤を感じたが、時代が時代だし、黙している他はなかった。

髙荷さんは苦労して、やっと素朴なフクちゃんというお手伝いさんを探し出して入門を果した。髙荷さんも私も同じ昭和一〇年生まれで私は二月の早生まれで、髙荷さんが一二月の末生まれ。学年では私が一年先輩となる。学年では一年先輩だといっても髙荷さんはもともと、すばらしい才能に恵まれた人だった。

高校時代から先生が描いていた(当時流行っていた)西部劇の銃の型から今は先住民と呼ばれているインディアンの風俗など刻明に調べて、ハガキや手紙で送って来ていて、先生はそれらを資料としてスクラップブックに貼って参考にしていた。小松崎一門でも、先生がライバルとして一目も二目も置いていたのは髙荷義之さん一人だけだった。こうして書いて来たが、私達二人は「義ちゃん」「圭助さん」と名前を呼び合う仲で、今もそれは続いている。

私が偕成社から「ノートルダムのせむし男」の単行本を依頼された時、中の一枚のペン画が珍しく編集長にほめられた。

その続きを描いていた時、遊びに寄った義ちゃんが、上りこんで、いきなりペンでガリガリと出来上った絵の上から描き足して、編集部でほめられたペンの線を目茶苦茶にしてしまった。ところが完成した絵はすばらしい出来栄えで、文句なしに脱帽してしまった。

義ちゃんは、（やっぱり普段の呼び方にさせていただく）戦車、戦闘機、軍艦、ＳＦものとどれをとっても超一流。時代物でも何でもオールマイティで全国にも多くのファンを持つ。それでも小松崎家に入門する時は、一年先輩の私に「将来絵で食べて行けるものでしょうか……」と切々と書いて来た手紙も残っているし、昭和三九年（一九六四）故郷前橋へ転居する時も「前橋まで依頼に来てくれるだろうか」という切実な不安を認めた手紙も手許に残っている。天才髙荷義之のナイーブな一面も読んでとれる。

Ⅴ型駆逐戦車「ヤークトパンテル」（髙荷義之・画）

　話が前後するが、義ちゃんは昭二九年春に小松崎家に入門しながらもその年の暮には独立をして小松崎家を去っている。

　長い間ではなかったが、兄弟々子として、同じ釜の飯を食べたことに、私はひそかに誇りにさえ思っている。その私達二人も気がつけば八十路の坂を越している。彼には沢山の画集も出版されているが、全国の少年達を熱狂させた多くの作品は将来どのような形で保存されるのか心配している一人である。

　幸いしっかりした奥様やお嬢さんがいることだし、散逸しないように心から楽しみにしている。義ちゃんとの思い出も昭和二八年以来のべ六〇年を越している。早いものである。

　思い出は尽きないが、どうしても私の大好きな彼の作品を少しでも大きく掲載したいので駄文を少し控えさせていただいた。

「もう俺達ももうじきオシマイさ。仕方ないことだよ」電話ではいつもそんな会話になるがお互い何とかもう少ししぶとく頑張ろうぜ。なあ義ちゃん！

（二〇一六年五月　連載54）

「リトルビックホーンの戦い　第７奇兵隊の悲劇」（髙荷義之・画）

## 一三 ◆ 梅雨に心ひかれた立石寺への旅

今朝は気持ちよく晴れた。テレビでアナウンサーが「今日は、さわやかなさつき晴れです」と言うのを聞いて、「おや？」と思った。

六月号のこの原稿を書いている今はまだ五月半ばで、東京の梅雨入りにはほんの少し間がある。

年をとるとつまらないことが気になるもので、「五月晴れ」というのは、近頃陽暦五月の晴天の意味に使う人が多くなったが、本来は五月雨（さみだれ）の晴れ間――つまり梅雨の晴れ間の筈で、その上「さわやか」は俳句では秋の季語の筈である。私自身としては、一寸拘りたいところだが、言葉も生き物で変っていくんだなあと渋々納得して「さわやかなさつき晴れ」の朝の光の中で一人コーヒーの香りを楽しんでいる。

わが恋は失せぬ新樹の夜の雨（石塚友二）

いくつになっても精神だけは枯れず、人恋う心だけは持ち続けたいといつも心に描いてきた。

しかし、流石に八十路の坂を越えると、そうした灯も小さくなってゆくのが自覚される。

漱石流にいえば、絶恋どころか、次第に、無恋の境に入って来ているようで、淋しいというか哀しい気分になってくる。

次々と近しい人が倒れ、去ってゆく。自分自身も同じくそういう年齢にさしかかって来たのだと実感させられる。実は先日、まったく知らない人から手紙をいただいた。長崎市五島町の人で、お名前は宮崎さんという方で、年齢は七四歳と書いてあった。友人がどんどんいなくなり、またボケてしまった人も多く、当時の燃えるような情熱の時代の少年時代を語る相手もいなくなったので、どうしても三〇分でいいから会ってくれないかという切々とした内容の手紙だった。

何でも一度訪ねて来た折私が不在だったそうで、どうしても会いたいと言うので、二五日に上野駅でお会いするよう返事を出した。

少年雑誌の話を——というので秦野市にお住まいの親しい御座《おまし》誠一さんというお方と、これも親しい群馬大学の名誉教授で上海大学の客員教授もつとめている富沢秀文先生もお呼びすることにした。そして仲間のメソポ田宮文明さん。何年か前に我々四人で会って大いに盛りあがったので、はるばる五島列島から訪ねてくる宮崎さんもきっと喜んでくれるものと信じて楽しみにしている。

## 列車の旅も様変わり

若い頃は、六月というと旅行ばかりしていた。梅雨というと雨の日ばかりを連想するが、寒くなく、暑くもなく、旅先で雨に降られたという経験はほんの数回しか覚えていない。

山形の山寺（立石寺）へ行った時に、めずらしく雨に遭ったが、しとしとと降る雨の中に咲いていた立葵《たちあおい》の美しい姿が雨の日ならではの旅情となって今もって忘れられない。

　旅といえば、私の手許に古い時刻表が数冊あるが、その中の大正一四年四月号を散見すると、「鐵道営業御案内」という中に「車中の共同生活に就て」という欄があり、一、改札口では順序を保って戴きたい……というのから始まり、（中略）十一、無作法なことはやめて戴きたい。十二、服装を整えて戴きたい。

　十三、裾をまくって腿を出したり、肌襦袢一枚になったり、婦人が細紐一つでゐたりすることはやめて戴きたい——等々二六項目にわたって「やめて戴きたい」という注意項目が載っている。因みにずっと新しい昭和五年（一九三〇）一〇月号の時刻表にも同文が掲載されているが、当時の車内の風俗が彷彿とされ、楽しくなってしまった。

　新幹線がどんどん伸びて、そのスマートな車体からしても昔のこうした様子は想像もつかない光景だが、つい先日の読売新聞「編集手帳」にも来年五月

青葉闇〔T子さん〕（筆者・画）

一日から運行がはじまる豪華寝台列車「トランスイート四季島」の原寸大の客室模型を、ＪＲ東日本が報道陣に公開した記事に触れていた。上野発着で北海道や東北をめぐる列車だそうだが、堀ごたつやヒノキ風呂も備えてあるという。高い部屋は三泊四日で一人九五万円だそうで、話題を呼ぶだろうが、私にはとうてい縁のない話である。

同欄でも、「雨に濡れし夜汽車の窓に／映りたる／山間《やまあい》の町のともしびの色」（石川啄木）の歌を載せ、向いに座ったおばあさんにミカンをもらったり、若いお母さんが目の前で赤ちゃんに授乳を始めて、うろたえたり。最近は年齢のせいか豪華列車の旅よりも、お金を積んでも二度と行けない追憶の旅に心ひかれている――と結んでいた。

私もまったく同感で、そうした旅ならしてみたいなァと思ってしまう。

大体旅の楽しみとは本来どういうものなのだろうか？　早く目的地へ着くということも、時と場合によっては有難い時もあるだろうが、ゆっくり旅情に浸れる旅をしたいものである。

次の東京オリンピックで東京はまた大きく様変りすると思う。

年寄りの我が身にとっては複雑な思いで訳が判らなくなってしまっている。

## 長い余生をどう生きる

先月一寸触れたが、共立女子大から講演の依頼が舞い込んだ。どんな話をしたら良いのか教授の方達と打ち合わせをしているが、先生達の方が興奮してしまっていて少し面食らっている。柄にもなく、あちこちで講演会はして来たが、女子大での講演はまったく初めてで、どんな会になるか不安でもある。

何しろ全員学生さんは平成生まれだし、日頃そうした若いお嬢さんとは全く縁がないので、どんなことになるか想像もつかない。近頃は色々な集まりに呼ばれるが先日は五回目のＮＭＨ（日劇ミュージックホール）の同窓会に呼ばれた。

若い日、ドキドキしながら眺めた踊り子さん達の集まりだが、ヌードのお姐さん達の裏の話など実に楽しかった。また近いうちに集まろうということになったが、噂通り皆さんザックバランで本当に楽しかった。

桜の頃には目黒の雅叙園で長唄の会があり、お料理もすばらしく、八王子車人形の人形による娘道成寺も堪能した。「楽しい老後を送っているなあ」と友人達に冷やかされるが、今のように長寿社会ではなく、人生五〇年時代には、皆老後という時代を持たず亡くなった人が多かったように思われる。

因みに少し記してみると、（ ）内は没年。

橋本左内（二五）、北村透谷（二六）、高杉晋作（二八）、吉田松陰（二九）、木曽義仲（三〇）、小林多喜二（三〇）、坂本龍馬（三二）、近藤勇（三四）、正岡子規（三五）、芥川龍之介（三五）、尾崎紅葉（三六）、若山牧水（四三）、加藤清正（四九）、夏目漱石（四九）、松尾芭蕉（五〇）、井原西鶴（五一）、ナポレオン（五二）、足利尊氏（五三）、明治天皇（六〇）。

いずれも六〇歳未満である。

戦争は例外としても昭和二〇年（一九四五）、終戦時の平均寿命は、男（二三・九歳）、女（三七・五歳）という記録が残っている。

太平洋戦争末期には、学徒の徴兵年齢は一九歳に引きあげられ、人生一九年となった。

一九歳で否応なく国家の強権により強引に取られ戦争という大量死刑台に乗せられてしまったのである。今の時代では全く考えられないことである。しかし長寿社会にも大きな問題が山積している。単に長生きだけを喜んでいる訳にはいかない。残された余命を私達はどう生きたら良いのだろうか？

話がしめっぽくなったので、最後にもう一句。

ひそかなる恋そのままに梅雨に入る　桂信子

（二〇一六年六月　連載55）

## 一四　中央工学校復興に尽力した大森厚と田中角栄

◆

昨年七月頃から体調をくずし、連載を休ませていただき、最初一か月休めば体調もとり戻せると思いながら、もう一か月、もう一か月と休みが長くなり、気がつくと随分長い休みとなってしまった。

暮には不整脈がなおらず、息切れもひどく入院して手術もしたが快くならないので、とうとうペースメーカーを埋め込む羽目になり、どうにか老いた命をつなぎとめて現在生活を続けている。

高齢化社会になったとはいえ、誰しも死へ向かう体験は初めてであり、加齢を重ねての自分の弱ってゆく身体と向き合うのも勿論初めてのことで何が起こるか見当もつかない。還暦を過ぎた頃も、月日の流れの早さを友人達と嘆き合ったが、古稀を過ぎた頃からは、まるで新幹線に乗り換えたように、びゅーん、びゅーんと窓の外を凄いスピードで日時が流れ去ってゆく。

休載中は色々な方からお見舞いや励ましのお便りや電話をいただいた。

お心のこもったお便りにも接し、心から御礼を申し上げる次第である。体調がすぐれず、ぐずぐず過ごしてしまったが、昨年七月から休ませていただいて、その間私は今月四日に又ひとつ年を重ね八二歳になってしまった。

「人生は邂逅《かいこう》と別離だ」‐何かの本で読んだ。つま

立葵（筆者・写）

り巡り合いと別れだということで、文字通り「一期一会」という言葉が深く心に突きささる。八十路の坂に入り、私自身も今までずいぶん多くの人との出会いがあり、別れもあった。

出会って、その後何十年もの長い交流が続いている人もいれば、たった一度お会いしただけなのに、しっかり心に残っている人もいる。

## 田中角栄の最終学歴

あの人、この人と思い出しては、縁というものは本当に不思議なものと、この頃しみじみと深い思いにとらわれることも多くなった。

本紙の昨年四月号に幼馴染みの湯浅貞一郎さんのことを書かせていただいたが、読者の皆様はもうとうに忘れてしまったにちがいない。

かなりの変人で沢山の面白いエピソードを残しているが、昭和三〇年頃、版下屋として独立した貞ちゃん（湯浅貞一郎さんを私達はそう呼んでいた）に結核の療養所仲間として紹介されたのが大森厚さんだった。まだ食糧にも恵まれない時代だったが、貞ちゃんは大森さんを「アッチ、アッチ」と親しく呼んでうれしそうだった。

若き日の田中角栄氏（左）と大森厚氏。昭和43年（1968）田中邸庭にて。友正有撮影

私が大森さんと直接会ったのは貞ちゃんを通じてほんの数回だったが、何と私の親友の福山広重さん

（柏市在住。本紙、数年前に登場）とは小学校から机を並べた友と聞いてその偶然に驚いてしまった。

大森さんの兄の暁《さとる》さんは日本海軍航空隊に志願し、その後、佐世保海軍航空隊に属し、当時世界最高性能を誇った、川西九七式飛行艇のパイロットとなった。

川西九七式飛行艇は、航続距離が四五〇〇キロもある大型艇で、昭和一一年（一九三六）から一七年まで一七九機しか作られていない。物資の輸送用のほかに、偵察用や雷撃用があったようだ。

史上初の空母同士の戦闘で知られる珊瑚《さんご》海海戦で兄君は、死闘をくり返し二五歳の若さで南半球の海に花と散った。

昭和二九年（一九五四）、戦後の大森厚さんは、父の志を継いで、中央工学校の復興に粉骨砕身する。私が大森厚さんに会ったのはちょうどその頃である。

当時中央工学校の校長は大森氏の父君に請われて田中角栄がその任にあった。

日本の政治史に偉大な足跡を残したあの田中角栄である。

大学も出ずに首相まで上り詰めたことから、往時は「今太閤」とも呼ばれていた。

いまだに最終学歴が「尋常小学校卒」という誤った情報が流布しているが、大森さんの書によると「あれは間違いで、田中先生の最終学歴は『中央工学校卒』であり、昭和一二年二月、当時は神田中猿楽町にあった中央工学校土木科を卒業している」と後に書き残している。

ちなみに中猿楽町は昭和九年の区画整理により、正式な住所は神田区神保町二の二〇となった。

仄聞《そくぶん》によれば、神田校舎に隣接し、同じ二の二〇にあった東亜高等予備学校（現・愛全公園）に、若き日の周恩来総理が留学していたという。

周恩来は、大正六年、東亜高等予備学校で日本語を学びながら明治大学政治経済科に通っていたという。大正六年から八年にかけてというから時期は異なるが、昭和四七年の日中国交正常化の立役者となった二人の大政治家が時空を隔てて同じ敷地内で学んでいたわけである。

「春を待つ」（筆者・画）

学校経営は苦難の連続だったようだが、昭和二八年六月一〇日「中央工学校第五代校長田中角栄」が誕生し、角栄の経営手腕で中央工学校は現在にいたる基礎固めが出来あがったのだという。

田中角栄は、校長在任の二〇年間に、戦後初めての三〇代で郵政大臣（昭三二、一九五七年）に就任したのを皮切りに、大蔵大臣（昭三七、一九六二年）、通商産業大臣（昭四六、一九七一年）と、要職を歴任したが、中央工学校の入学式と卒業式には、一度も欠席はしなかったという。

大森厚さんはその間ずっと「目白通い」を続けたという。大森さんと私との交流はほんの数回きりのものだったが、出会いというものは本当に人知の及ぶところではなく、面白いものだと改めていろいろな人達との出会いに感謝している。

中央工学校理事長としての輝やかしい業績のみならず、数々の栄誉に彩られた大森さんも、平成二七年（二〇一五）八月八日、八三歳で彼岸へ渡った。

## あの人もこの人も彼岸に

先日何で調べたのか長崎市五嶋町の宮崎さんという未知の人から突然お電話をいただいた。親しい友人、知人が皆他界してしまい往時の話をする相手がいなくなってしまい、淋しくてたまらないという。

どうやら同世代の人らしく、時間を作って上野駅でお目にかかることにした。私の方も親しい友人二人に同席してもらい、行きつけの店で四人で楽しい刻を過ごした。

私ぐらいの年になると、「そのうちお会いしましょう」と約束しながら、その機会を逃してしまうことも多くなった。

安藤鶴夫先生のお嬢さんのはる子さん。CDの「芸阿呆」やDVDの「明治はるあき」等々色々送っていただきながら、新橋演舞場の「吉右衛門劇団」公演にもお誘いいただいたが、その日は私がどうしても他の用事で伺えず、近いうち御連絡しようと思っているところへ訃報が届いた。残念でたまらない。

昭和９年会にこだわった玉置宏氏（中）。左は筆者

光本幸子さん。御存知「寅さんマドンナ」の第一号である。面識はあったが、山路ふみ子文化財団のパーティにお招きいただいた折、賑やかなパーティ会場で、一人ぽつんと淋しそうにしていたので、しばらく二人で話しこんだ。

「私、芸能界の人達は好きになれないんです」とのこと。後日、ゆっくりお会いしてという食事の約束をしたが、これも彼女の死で実現しなかった。

立川談志さんとは「なつメロ談義」に三回誘われて、三回とも中断。お願いごとをしたのに病気で果たせなかった小沢昭一さん、永六輔さん。

先日、おヒョイこと藤村俊二さんが他界して昭和九年会の人達も大半が故人になってしまった。昭和九年生まれにこだわり続けた玉置宏さん。愛川欽也、坂上二郎、長門裕之、みんな、みいんないなくなってしまった。

長崎から訪ねて来てくれた宮崎さん同様、気が付けば私の周囲からも友人、知人ともにかなりの数の人が手の届かない世界へ籍を移してしまっている。私自身物忘れもひどくなった。

腰を痛めて、ステッキ片手によたよた歩き。まったく見られたもんではない。

明日があるという保障は誰にもない。

老後悠々気がつけばひとり——なんてやせ我慢を言っているが、こんな都都逸がふと頭を過った。

あとの始末もしっかりせずに
浮世みすてて一人旅

東喜代駒

（二〇一七年二月　連載56）

## 一五
## 小松崎茂先生が買ってくれたサトウ・ハチロー童謡集

◆

近頃、これも老年になったせいか、少し涙もろくなったようで、一寸したことでも眼頭があつくなる現象が多くなった。

先日もテレビで「BS日本・こころの歌」のフォーレスタの歌う日本の四季をつづる唱歌、童謡の歌声を聞いて胸がキュンとなった。

「早春賦」「花かげ」「雨降りお月さん」「ちいさい秋みつけた」「もみじ」「ゆき」……どの歌も心にしみる歌ばかり……。歌を聞き終わって、しばらく又遠くなった日々に思いを馳せた。

昭和二八年（一九五五）、私は地元の東葛高校を卒業し、在学中から入り浸っていた師の小松崎先生宅へ晴れて住み込みの門下生として師と起居を共にしていた。絵物語の全盛時で小松崎茂の名は幼、少年雑誌界に轟いていた。その年の秋、師の許へサトウ・ハチロー先生から直筆のハガキが届き、サトウ先生自身の童謡集「叱られぼうず」が出版されたのでぜひ買ってほしいという内容だった。私は欲しくて欲しくてたまらなかったが、当時八百円という定価は私としては一寸重荷であきらめる他なかった。

そんな私を見て小松崎先生が、「圭ちゃんは日頃一生懸命俺のために頑張ってくれているから、サトウ先生の童謡集、褒美《ほうび》として買ってやろう」と言って自分の分と二冊注文してくれた。

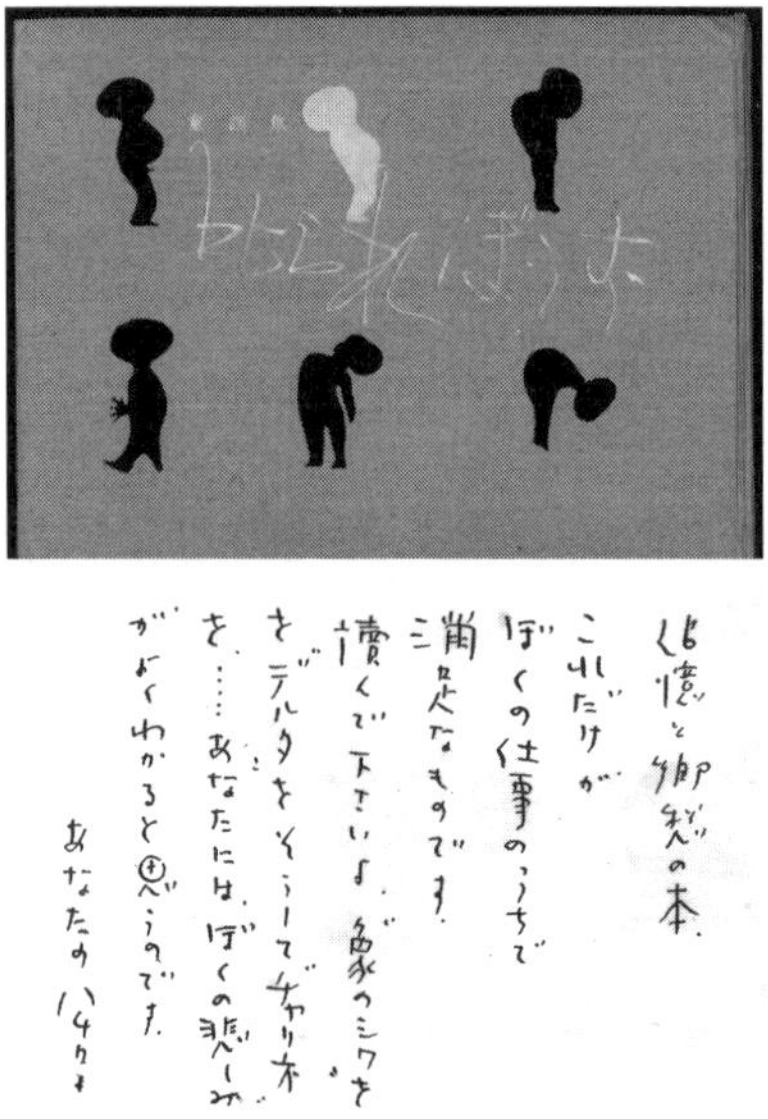

小松崎先生が買ってくれたサトウ・ハチローの童謡集「叱られぼうず」の表紙と、ハチロー先生から贈られたサイン

サイン入りのサトウハチロー童謡集『叱られぼうず』。この本を手にしたときの感激は今もって忘れることが出来ない。因みに、箱入り、二冊セット（一冊は楽譜入り）のこの分厚い童謡集は、翌昭和二九年に文部大臣賞を受賞している。以来、北原白秋、野口雨情、西條八十の詩集、童謡集等とともに、座右の書として私の仕事場の書棚に並んでいる。

それから数年後、独立した私は幼・少年雑誌にカットを描いたり、単行本の挿絵を手がけたり、テレビ時代を迎え、キャラクターグッズのイラストで仕事は急速に多忙になっていった。しかしＴＶキャラクターのイラストは自分自身のオリジナルイラストではないので、多忙になればなる程、心の隅に巣くった淋しさは、ずっと拭えなかった。そんな頃、集英社の幼児雑誌から、サトウ先生の詩に添えるイラストの仕事が舞い込んだ。

夢中になって取り組んだのは言うまでもない。出版直後にサトウ先生がほめて下さったということを知人の編集者から伝え聞き、私は嬉しくて思いきって図々しくもサトウ先生をお訪ねすることにした。

サトウ先生の御自宅は、今なら地下鉄千代田線の根津駅で降りて、東大へ向かう坂道を上り、その坂道から右折した所にあった。

小松崎先生（左）と住み込み時代の筆者

## 強面編集者Kさんのこと

ここで一寸余談になるが、光文社発行の少年雑誌『少年』にKさんという海軍兵学校あがりの強面《こわもて》の編集者がいた。Kさんは、集英社で雑誌『明星』の創刊に携わった後、光文社へ移り、『少年』の編集者時代、豪腕の編集者として漫画家はじめ多くの執筆家に恐れられていた。その迫力ある人柄に惚れた手塚治虫先生に口説かれ、虫プロ商事の常務に迎えられた。虫プロ商事倒産後は私と二人で「日本漫画家著作権者協同組合」なるものを立ちあげ、漫画家の著作権擁護の仕事に入った。秋葉原の電気屋街の奥の方に事務所を開いたので私も毎日のようにその事務所へ通った時期があった。その時代の後、Kさんは、赤塚不二夫さんのフジオプロの専務として、自身「赤塚の金庫番」と称し赤塚さんを支えて来た。

寄り道が長くなったが、『少年』の編集者時代、サトウ先生宅へ原稿を取りに行き、その夜飲んで原稿を紛失してしまったそうで、サトウ先生に「下書きをもとに、も一度書いてください」と謝りに出かけたそうだが、サトウ先生は烈火の如く怒り、「ボクは下書きを書くような下らない詩なんて書かないっ！」と怒鳴られ、サトウ先生は坂の下まで箒《ほうき》をふりあげてKさんを追いかけて来た——という話が伝わっていた。しかしこの話いまだに真偽のほどは判らない。Kさんと私は私の高校生時代小松崎先生の家で知り合い、以来仕事上では私のTVキャラクター業界での兄貴分として長く深い交りを結んだ仲だった。ある時思い切ってその事実を確かめたところ、「ふ、ふ、ふ」と笑い否定はしなかったので、伝説として話に尾ひれはついたものの、そうした事実はどうやらあったらしい。Kさんは、現在老人ホームで静かに余生を送っている。

そんな伝説？　が伝わる坂を私は上がっていった。サトウ先生宅では昔の浅草時代の武勇伝から猥談にまで及び、話が面白くて、思わず長居をしてしまった。

## 空襲前の浅草アバンチュール

ここで又脱線をさせていただく。

昭和一九年（一九四四）頃、八王子に住む母の従妹の政枝姉が遊びに来てくれた。美人だった政枝姉は少女から娘時代まで、恵まれた家庭で「お嬢さん」として大事に育てられたので戦時下ながら洒落た洋服で現れ、一緒に歩くと大勢の視線が集まった。

私はそれが得意でもあり、時折警戒警報の鳴り始めた頃なのに、祖父母や両親を説きふせて二人して手をとり合って浅草へ出かけた。早く帰るという固い約束をしてやっと許してもらって出て来たのだが、六区で映画を見てしまったので、外へ出ると、もうすっかり浅草公園は、漆黒の闇の中にあった。

人気のない境内を横切り、夢中で帰路を急いだが、空には折れそうな細い三日月だけの闇夜で、観音様本堂の巨大なシルエットが不気味なほど大きく闇の中に溶けこんでいた。

思えばその夜が私と幼い頃より慣れ親しんだ観音様旧本堂との永遠の別れになった。御承知の通り、旧本堂は昭和二〇年三月一〇日の東京大空襲で灰燼に帰している。

――そんな思い出もサトウ先生の所で話をしたように覚えている。

帰路を急ぐ私達に追い討ちをかけるように「ブオーッ」という警戒警報のサイレンが鳴り渡った。

帰宅すると、家の方は大変なことになっていて、祖父を中心に町内の頭《かしら》や親しくしていた警察官、それに近所の人達十数人が懐中電灯はもとより、提灯も十数個あったろうか…これから浅草へ私達を探しに出る所で大変な騒ぎになっていた。

そこへ私達二人が無事に帰ったので「良かった。良かった」と言って集まった人達も大喜びの騒ぎになった。

職人で厳格、超短気な祖父に今日は大目玉をくらうのを覚悟していたが、二人の元気な姿を見て祖父は涙を流してその場へへたりこんでしまい、大目玉は免れた。国民学校（小学校）四年生。私にとっては大きな大きなアバンチュールだった。

政枝姉は大好きな姉貴の一人だったが、戦後恋愛して熊本へ嫁ぎ、今はいろいろ苦労しているらしい。童謡の話から、又脱線を重ねてしまった。

### 仲間ほしさにエンコにでれば

サトウ先生は、昭和四八年（一九七三）一一月一三日に七〇歳で彼岸に渡っている。大好きなサトウ先生の「ちいさい秋みつけた」は放送番組から生まれた。昭和三七年（一九六二）ボニージャックスでレコード化され全国に広まった。

ボニージャックスのリーダー格ロクさんこと西脇久夫さんとは、別の会で何回かお会いすることが出来た。

「雨ふりお月」（筆者・画）

サトウ先生と浅草の話の中で伺った詩の一節、今月はこれで筆を擱《お》かせていただくことにする。

「仲間《なかま》ほしさに
エンコ（浅草公園）にでれば
今日もデカの目
安ジンタ――」

一六歳頃の作と聞いた。もうひとつ、これは一八歳か一九歳頃の作という。

「――シネマを出れば
こぬか雨
いとし女の肩に降る
誰が泣くのか
泣かすのか
クラリネットのすすり泣き」
サトウ・ハチロー

（二〇一七年三月　連載57）

## 一六　戦前、戦中、戦後の風呂物語

◆

お風呂の話である。私が生まれた頃の東京下町には、自宅に風呂のある家は本当に少なかった。

「根本さんちにはお風呂があったんだから大したもんよ」

東京大空襲の前、近所に住んでいた電気屋のおばさんと戦後再会した折、しみじみとした口調で、そんな話をしてくれた。私の家は表通りに面した二階家だったが、密集した下町の家屋のなかで、一応一軒家風に狭いながら路地に囲まれて、隣家とは直接接してはいなかった。

裏手へまわると路地はぐるりと円形状に連なり、その路地に沿ってびっしりと長屋が軒を連ね、中央の小さな空地には共同水道があって、長屋のおばさん達の井戸端会議ならぬ水道端会議場となっていた。

人家は密集していたが、「風呂が無い」ということは当時至極当り前のことだった。

近所に「大黒湯」「住の湯」という風呂屋があって、大半の人はこの二軒の風呂屋へ通っていた。

ところで私の家の風呂場といったって、狭い風呂場に据風呂桶が置いてあるだけのものだったので、父に連れられて広い銭湯へ行くことも多かった。

一度銭湯で溺れかけたことがあった。深い方の浴槽内の段の上で弟（六歳で夭逝）と遊んでいて、父と若い衆（同居の弟子）は流し場で身体を流していたが、私と弟は足を滑らせてしまい、湯の底へ沈んで溺れてしまった。

子どものころの筆者（右）と弟

早い時間で、他の入浴客がほんのまばらで一瞬のことだったが父と若い衆の狼狽ぶりが幼い日の記憶としてなぜかうっすらと覚えている。

ムコ殿の父は帰ってから祖父にこっぴどく叱られたのはいうまでもない。

私の家はペンキ屋だったが、機械塗専門で軍需産業で景気の良いお得意の工場が数社あり、私は恵まれた幼年時代を送った。

私の家の風呂桶は、どこにでもあるような木製の

左から著者の父、弟子２人、祖父

据風呂だったが、どうしても上部の縁の方から傷んで、腐ってくる。

ペンキ屋の祖父は腐らないようにと、据風呂の内側を派手な緑色のペンキで塗ってしまった。

当時は幼い私達兄弟を入れて九人家族だったが祖父母は私を溺愛してくれて、いつも私を一番風呂に入れてくれた。「ひとおつ、ふたあつ……」入浴の時間を声を出して数えあげたが、据風呂の縁に手をかけ首まで湯につかると、濃厚なペンキの匂いでむせかえるようだった。

共同水道　昭和10年（1936）ころ（小松崎茂・画）

私の幼時の頃の風呂の思い出は、銭湯での溺れかけたことと、ペンキの匂いで充満した湯気の中にある。余談になるが、祖父は物凄い頑固者だったが町内の人気者でもあった。
戦後になって、印半纏は職人の紋付だと言って、親類の結婚式にその姿で出かけ、周囲を困らせた。戦後（ゴムの質も悪かったが）ゴム長靴にもペンキ。親類が作った自慢の銘木の門柱にも白ペンキ。新築した師の小松崎家のモダンな床柱の銘木にも白ペンキを塗ってしまい、いつしか「塗り魔」という仇名もつけられ、親類みんなからオソレられた。

## 疎開先で震えた屈辱の湯

話は戦時下に遡る。日毎、夜毎の空襲から逃れて、私は母と幼い弟妹の四人で、柏の在にある父の実家に身を寄せることにした。

父の実家は大きな農家で、従兄の中の長兄は応召されていたが、一〇人もの大家族で、その中へ私達四人が割り込む形になった。

緊急に、崖に掘った横穴の芋穴だった後の穴を防空壕として用意してくれたが、食事のことですぐトラブルが起こり、私達は食事を別にすることになった。その上、竈《かまど》に使う燃料まで規制された。父方の祖母はやさしい人で人望もあり、部落の誰からも慕われていたが、私達が疎開する少し前の昭和一九年(一九四四)六月に病没していた。

警戒警報のサイレンが鳴ると、私は夜具を壕の中の筵《むしろ》の上へ移し、ろうそくの灯で母と弟妹を寝かしつけ、警報解除となると、又母屋のあてがわれた部屋へ夜具を戻すという長男としての責務を果たすのを日課としていた。

つらかった中のひとつが毎夜の入浴だった。父の実家は有名な働き者一家で、農作業で汚れた体で一〇人もの人が入浴する。

勿体ないと言って据風呂の湯は幾日も入れかえなかった。汚れに汚れきった湯は全体にぬるぬるとしていて、表面には垢がぎっしり層となって浮いていた。表面の汚れを出来るだけすくい出し、母と弟妹を入浴させた。

三人を寝床に入れてから、毎夜終い湯に私は入浴した。

私が入る頃は湯はすっかりさめていた。しかし、燃料が勿体ないと言って追い焚きは固く禁止され、時には白い眼で監視されていることさえあった。私は、湯につかりながら手をのばし、据風呂の蓋を中から閉じて、口の上まで垢の浮いた風呂に浸った。

屈辱感で湯の中でふるえる夜が続いた。

配給受け取りその他で柏の町の中へ出かける日も多かった。そんなある日、「思いきって今日は帰りにお風呂屋さんへ寄っていこうか」という母の提案で、準備をして町へ出かけた。

戦時中で石鹸はひとつきりないし、時間も遅くなっていた。仕方なく私は母達と女湯へ一緒に入ることにした。私はその時国民学校(小学校)五年生だった。夕方の銭湯は芋を洗うような混雑で、私は子ども風呂の隅で、小さくなって湯に浸っていた。私の鼻先を前も隠さない「おばさん」達が浴槽の縁をまたいでザブザブと出入りするので、私は湯の中で目をつむり、羞恥に堪えた。

この女湯の一件は、長く私の心に小さな歪みとなって残った。

## 戦後のドラム缶風呂

八月に戦争が終結。三月の東京大空襲で東京の家は罹災していて、帰る家もないので、柏の町なかに木造のアパートを見つけて一〇月半ばに引っ越した。

夜具を含め一家の全財産はリヤカー一台分だけで、父の実家からは使い古した小さなお櫃《ひつ》を餞別としてもらった。何もない時だったので、そんな物でも助かった。

引っ越したアパートは六畳一間で、台所もトイレも共同だった。風呂は銭湯へ通うことになった。戦いは終わったが、食糧事情などは、戦時中より一層ひどくなった。極限、極貧の毎日が始まった。

食べるものも、着るものもろくにない中で、昭和二一年（一九四六）一月二〇日、空襲の中から疎開中までひたすら守って来た妹のヤヱ子が、急性肺炎であっけなく「あーちゃん」という一言を残して一歳七か月の小さな命の灯を消してしまった。

口惜しくて、悲しくて涙が止まらなかった。お棺も用意出来ない時代、ミカン箱（当時は木箱）に亡骸を納め、浅草橋にあった筈の私の家のお寺も戦災で行方不明だったので、流山・駒木の成顕寺でお経をあげてもらい、特別にお願いして八柱霊園で荼毘に付した。時節柄この妹の写真は一枚も残されていない。

昭和二五年、柏中学校近くの建築中で未完成のままの家を買って移り住んだ。母屋はしっかりしていたが、台所は掘っ建て小屋のままだった。程なく父が得意先から空いたドラム缶を譲り受け、東京からリヤカーを自転車へ連結して運んで来た。台所の一隅に囲いを作り、五右衛門風呂にした。

ドラム缶は結構高さがあるので、傍に段を作った。

肥っていた母は最初怖がったが、すぐに慣れた。大変だったのは毎日の風呂の水汲みで、井戸から汲みあげた水をドラム缶に運ぶのが私の仕事となった。

昭和二五年の柏町明原―まだまだ水道は無かった。銭湯へ通うことが多かったが、この五右衛門風呂も長く使った。家を改築し、タイルの風呂場が出来た時は、本当に嬉しかった。

その後私は家を四軒建てかえている。

妻を癌で早くに失くし、両親と高二、中二の男の子二人を抱え、(娘は妻の在世中に嫁がせることが出来た)以来一〇年程主夫生活も味わった。

今は、四〇坪程の家で本に埋もれて一人暮らし。昔を思い出し、バスルームでは入浴の度に感謝で手を合わせている。

(二〇一七年四月　連載58)

## 一七　戦中・戦後の荒れた学校生活

◆

あれは昨年、いや一昨年の秋だったか立教大学演劇部OB会の集りが新宿御苑近くの中華料理店で開かれ、私も招かれた。

中学時代からの親友二人。海老原三夫君は立教高校から立教大学へ。永井康雄君は都立高校から明治大学へ進んだ。学校は異なるが二人とも演劇関係を目指したのは中学時代にその要因があって、話は戦後の混乱の時代までさかのぼらなければならない。

何回も書いているが、私は昭和二〇年三月一〇日の東京大空襲で罹災し、翌四月一日の新学期から柏町立柏第一小学校へ転校生として移って来た。

校庭から望む常磐線の線路際の桜は満開だったが、連日の空襲は続いていて空襲警報が鳴ると、授業は中止になり、すぐ学校の裏山へ退避するといった毎日が続いていた。柏には陸軍の連隊もあり、高射砲陣地もあり、陸軍の飛行場もあったし、日立の大きな軍需工場もあったので、アメリカ軍のグラマンとかムスタングなどによる空襲も多かった。

そうした中で学校生活も極端に荒んでいて、教室内へ煙草を持ちこんでの喫煙なんて日常茶飯事であり、クラス毎にボスがいて、暴力行為に明け暮れる毎日だった。

八月に終戦を迎える訳だが、学校生活は益々ひどくなり、その荒れ狂った世相の中で、私達は新しい六・三・三制の学制に従って新制中学の一期生となった。校舎はないので、しばらくは小学校へ同居の形になった。

二年生になった夏休みに広大な敷地に、どこかの兵舎の古材で建てたというたった一棟の木造の校舎が出来、私達はその校舎に移った。

二年生の時、テスト的に、「実業組」と「進学組」とが分けられた。進学組は高校へ進学する予定の生徒達。実業組は中学三年で卒業後、すぐ家業へ就くなり、社会へ出る予定の生徒達だった。当時の柏では、ちょうど実業組が四クラス。進学組が二クラスだった。

戦争が終わったばかり。その頃は高校へ進む生徒はこの辺りでも三分の一程度だったのである。学校生活があまりに荒れていたので、冒頭に記した海老原君、永井君は、経済的に恵まれた家庭だったので、二人とも日頃の学校生活から逃れて高校は都内の学校へ進学した。

海老原君からは私も立教高校へ共に進学するよう熱心に誘われたが、当時の私の家では経済的に無理だったので、私は親しい友と行動を共に出来ず、地元の東葛高校へ進んだ。

自宅で机に向かう当時の筆者

## 学生演劇に熱中した頃

一寸話が逸れたが、中学二年生の折、クラスで演劇をやろうということになり、私が神田の古本屋街でやっと見つけた村山知義のシナリオをもとに島崎藤村の「破戒」を上演することになった。荒れた学園生活の中で、何かひとつ夢中に取り組みたいものが欲しかった。

ちょうど神田の共立講堂で新協劇団の「破戒」が上演されていた。主役の瀬川丑松に野々村潔（岩下志麻の父君）、ヒロインのお志保役は誰だったか失念してしまったが、猪子蓮太郎役は後に東映映画でも活躍した名優薄田研二が扮していた。私は海老原君と二人で、どうにか乗車券を手に入れ、共立講堂へ出かけた。幸い芝居の切符も入手出来て、二人の中学生は「破戒」に大感激。図々しくも話を聞きに楽屋まで押しかけたが、今思うと顔から火の出るよ

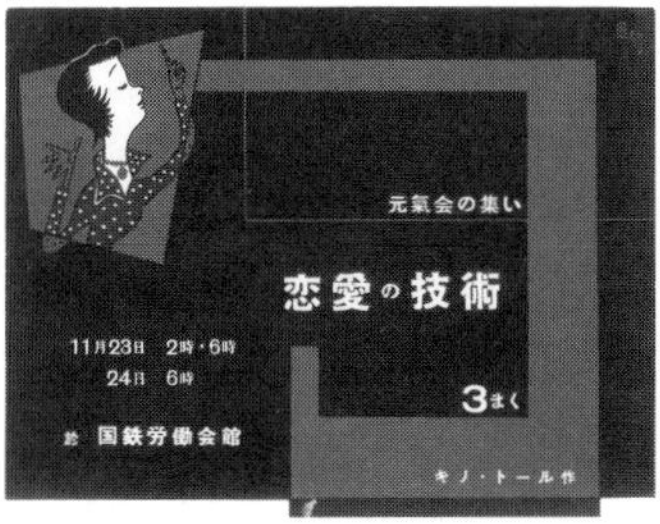


当時筆者が描いた学生演劇のポスターやパンフレットの表紙の一部

うな思い出となった。

クラス全員総動員総出演で上演した「破戒」は父兄の間でも評判となった。この大それた一事は、私達三人の胸に熱いものとなって残った。そしてこの戯曲との出会いが三人のその後の人生に大きな影響を残すことになった。前に記したように、高校は三人別れ別れの進学になったが、海老原君、永井君ともすぐに演劇部に籍を置き、クラブ活動に熱中した。

私は、これも再三書いているように、高校在学中から虜《とりこ》になっていた挿絵画家への道に進むべく小松崎茂先生の内弟子として小松崎家へ住み込むことになった。

立教大学へ進んだ海老原君の所へは、九段の暁星高校からの入学生、石浜朗君が加わった。

石浜朗——若い人は御存知の人も少ないと思う。川端康成の「伊豆の踊子」は、多くの女優により、映画も数多く制作されているが、戦後版の「伊豆の踊子」第一号は美空ひばり主演のものだった。その映画で共演したのが石浜朗君だった。

実は最近この映画を見る機会に恵まれたが、今更のように石浜朗君の美青年振りを再認識した。石浜朗君は小学校から高校を通じて暁星に学び、立教大学へ進んだが、暁星高校一年在学中の昭和二六（一九五一）年二月、松竹映画「少年期」の主役の少年募集に応じ、応募者一五〇〇人の中から選ばれてこの映画に主演した。

原作は前年出版されベストセラーになっていた児童心理学者・波多野勤子《いそこ》の『少年期——母と子の四年間の記録』（光文社）で、監督は木下恵介。戦争末期から終戦にかけて東京から疎開先で苦難の生活を送った一家を、主として中学生の子と母とのエピソードを通して描いた作品で、母が田村秋子、父が笠智衆、子が石浜朗という配役だった。

石浜君はその後映画俳優として数々の映画に出演。先に記した美空ひばりと共演した「伊豆の踊子」のまぶしい程の美少年を演じたのが昭和二九年のことだった。当時の立教大学では、石浜朗が入学して、演劇部へ籍を置いたということで女性の入部希望者がかなり多く殺到したようにも聞いている。もっとも昨今の様子と違って、当時は女子大生そのものの数も極端に少なかったが……。

さて私の方は、小松崎先生宅へ書生として住み込んでいたが、偶然の機会で、右肺尖部に一〇円玉ほどの浸潤が見つかり、少し静養することになった。想像を絶し、今や伝説化されている小松崎家での徹夜徹夜の生活による過労が原因だった。

病気という程ではなかったが、小松崎先生はすっかり動顛《てん》し、「俺の責任だ！　大事にしてくれ」と言って、無理矢理の静養に入らされた。私はこれ幸いと、立教の海老原君、明大の永井君に頼まれるままに、オブザーバーとして演劇部活動に加わり、色々な作品のポスター、チラシ、プログラムの表紙からチケットのデザインまで描きまくり、その一方で、浅草通いを再開。映画、演劇、寄席通い……と忙しく楽しい毎日を送った。

学生演劇に熱中した当時の仲間達の多くは卒業後放送関係や劇団活動で活躍したが、気がつけば皆定年も過ぎ、大老人になっている。文化放送のアナウンサーとして「お昼の歌謡曲」や「お昼の演芸」で活躍した佐藤也寸志君も、人事部長を経て定年。今は車椅子生活になっているとか。

「次郎案山子」に出演した海老原三夫君（中）

文学座アトリエで活躍した吉兼保君も、若い頃美男子だったが、何年か前に他界してしまった。現在も親しく交際している斎藤伊和男君も先年交通事故に遭い足が不自由になってしまった。奥様の美代子さんは有名な銀座の天ぷら屋「天一」のお嬢さんで、独身時代から私もこの御夫妻には随分とお世話になっている。行方不明になっている人もいるが、総じてみんな八〇歳過ぎの御老人になってしまった。
立教の海老原君は卒業後、草創期の劇団四季に入団したが、これからという時に昭和三七年（一九六二）五月三日の常磐線三河島事故で若い命を散らしてしまった。海老原君との交流は本シリーズの始めの頃に詳述している。

明大の永井君は卒業後塗料会社を興し、また柏市の市議となり七期もの長きを務めた。

これら、若き日演劇に情熱を燃やした多くの仲間達のその後の生活ぶりを追跡したら、それだけで一冊の本になってしまう。

先頃劇団四季創立メンバーの一人日下武史さんが静養先のスペインで死亡したという記事に接した。三河島事故で亡くなった海老原君の実家は、柏駅前通りの恵比屋という古い旅館だった。俳優の山村総さんなども利根川へ釣に来る度、その処点として彼の家を利用していたが、スペインで不帰の人となった若き日の日下さんも何回か泊まりに来て、海老原君と私、そして日下さんの三人でザコ寝をし、朝まで語り明かしたこともあった。

それにしてもみんな老いた。そして、いなくなった。


今思えば皆遠火事のごとくなり　能村登四郎

（二〇一七年七月　連載59）

## 一八
## 初めて読む亡き妻の日記

◆

「終活」とか「断捨離」とか昔はあまり聞かなかった言葉が近頃よく目につくようになった。私のところでも、つい先日、娘と二男の嫁さんが手伝いの若い男性を連れて現れ、二週間に渉って、まるで台風に遭ったように、どんどん不用品（娘の判断で）を捨てられてしまい、日常使用していたものが見当らなくなったり、何とも不自由な毎日を送っている。

もっとも私の家ぐらいゴミの多い家は珍しいようで、娘がリーダーで、ばんばん処分するのを、最初はドキドキハラハラで、「あっそれは残して！」等と口をはさんでいたが、途中からあきらめて目をつむってしまった。

私自身、自覚はしていないが、どうも収集癖みたいなものがあったようで中学生時代から蒐めて来た夥《おびただ》しい雑誌や本がどんどん処分されて行くのが身を切られるようにつらかった。

実は昨年暮、不整脈が起こって、カテーテルで手術することになったが快くならないので、ペースメーカーを埋め込むことになった。

娘は結婚してすぐに夫の両親を引き取ってずっと同居してきたので介護のことにも詳しく、私の手続きなどもてきぱき済ませてくれた。

思い起こせば私の少年時代、勿論戦前の話だが、国民学校（小学校）低学年の頃、『少年倶楽部』を近所の古書店をまわって買い蒐め、大正一三年の創刊号以来、昭和一〇年代の『少年倶楽部』黄金時代の雑誌を木のリンゴ箱で作った本箱に詰めて大切に保存していたが、これらは『少年講談』や『講談社の絵本』等とともに東京大空襲で家もろともに灰燼に帰してしまった。

新婚当時の筆者と妻・美代子

因みに『少年倶楽部』は戦後の昭和二一年（一九四六）『少年クラブ』と改題され、昭和三七年（一九六二）廃刊。四九年の歴史に幕を閉じている。

手許に昭和二〇年七月号（終戦の前の月）の『少年倶楽部』が残っているが、これは大切だからと言って処分させなかった。

「昭和ロマン館」が閉館になった折、書籍、雑誌類は、何と二トン車で五台分、「昭和の杜博物館」に運び、別棟に作ってくれた私専用の書庫に保存してくれている。

雑誌といえば、戦前の講談社――大日本雄弁会講談社発行の雑誌『キング』が私の手許に創刊号（大正一三、一九二四年一月号）から昭和一八年（一九四三）までバックナンバーが揃っていた。

国民雑誌と呼ばれ、「一家に一冊」と宣伝され、最盛時は月刊雑誌ながら、毎月百万部発行したという伝説の雑誌である。量が多く今の家では収納しきれず困っていたが何年か前に凸版印刷の「印刷博物館」にお嫁入りすることになり、戦後分を含め全点引きとっていただいた。

　因みに昭和一八年、この『キング』という誌名は「敵性用語としてまかりならん」ということで『富士』と改題。戦後再び『キング』に戻ったが、昭和三二年に廃刊となっている。

　このような雑誌や、中学生時代から熱心に切り抜いた大好きな挿絵画家のスクラップした作品群に、現在私は埋もれて生活している。

　娘が焦々《いらいら》して眺めているのも無理のない話で、今回は私が自慢にしていた応接セットも大きすぎると言って、本箱の幾つかとともに処分。北海道家具の大きな洋服ダンス、大きな食器棚まで皆処分されてしまった。

　ビデオテープも内容のリストだけ未練たらしく残されていたが、二千本近く捨てられてしまった。

左から安宅忍さん、筆者、高原晃さん

## 正直で動じない強さの人

そうした中で思いがけず段ボールの山の中から出て来たものも又数が多く、中でも亡妻の日記などは、すでに歳月の霧の中に消えかかっていたことを思い出させてくれて、先夜夢中で読み耽《ふけ》った。

　妻が何かこそこそ書いていたことは、うすうす気付いていたが、亡くなった直後、一寸拾い読みしたものの切なさと多忙にまぎれてしまい忘れていた。

私は結婚直後何故か急に肥り出したので妻の日記では、そんな私を「デブ圭」と書かれていた。その後「Ｈマン」と呼称は変わった（これは御想像にお任せする）。

妻は極端なテレ性で、にこにこしていたが大家族を抱え家事に追われ通し。地味で正直な人柄で、小柄だったが物に動じない強さを心に秘めた女性だった。「亡くなった人は美化されて残る」というジンクスを割り引いても私には過ぎた女房だった。

両親と長男の私を筆頭に弟が三人。こうした大家族の中へよく飛びこんで来てくれたものと在世中から陰で手を合わせることも多かった。私の母は養女ながら、大事に恵まれて育てられたので、暢気でわが儘な点もあったが、結婚後すぐに世帯を妻に任せてしまったので、経済的に不安定な私と一緒になり、随分大変だったと思う。日記は結婚当初から始まり、長女の出産で一時途切れ、五年後の長男の誕生まで克明に綴られていた。日記の中では私に随分甘えてくれていて、読みながら私は何度か眼頭をぬぐった。

もう私も傘寿を過ぎてしまったし、じい様の世迷言として惚気《のろけ》話を書いても読者の皆様も許していただけるかと勝手に思っている。

妻の一番の楽しみは、家事が終わって入浴後私の仕事場のソファで横になり、ゆっくり新聞を読むことだった。ある時期から「お願い」と言うので大体一時間程私は妻のマッサージをすることになった。

「今夜もＨマンのマッサージ。仕事で疲れているのにごめんなさい」。顔を合わせては、とても言えない私への感謝が書き連ねてあった。日記には巻末にポケットがつけてあり、二人で出かけた映画や芝居、レストランのレシートまで入れてあった。マッサージは日課になってしまい、両親はもとより後年娘まで「お願い」といってきて私のマッサージ屋は大繁盛だった。いつもそれを見ていた長男が、小学生になった頃、肩たたき券というのを作り、私と妻にくれて肩たたきをよくやってくれた。妻は大腸癌で四九歳で急逝した。当時高二、中二の二人の倅と両親を抱え一時は途方にくれたが、一〇年近くを主夫として夢中で過ごした。私の母、つまり倅達にとって祖母の面倒も二人の倅はよく見てくれて、片親暮らしなのに二人ともよくぞ素直に成長してくれたと私自身子供達にも感謝で一杯である。妻の日記を読んで、日記の中だけでなく何故てれないで態度で示してくれなかったのかと未練も残るが、二晩がかりで涙ながらに読んだ。いつも笑顔で忙しく、口ゲンカひとつなかった二四年の夫婦生活。日記の中の妻は明るく可愛い甘えん坊だった。

故・並木路子さん（リンゴの唄）と青空うれしさん

今は、友人にも恵まれ、先日は私の快気祝いをすることになり、親しい高原晃さんが仲間を集めてくれたが、流石に私はこれは辞退をした。別名目でそれでも二〇人もの人が集まってくれて楽しい会となった。会場が狭いので一同揃っての写真は写せなかった。

永六輔さんが応援していた浅草の飯田一雄さん主宰のにんげん座。一昨年の私の出版パーティでの出会いが縁で、東宝現代劇の安宅忍さんが昨年に続いて座長を務めることになった。東京漫才界で一世を

左から西村つたえさん（元キングレコード歌手）、友人・大槻雪野さん、筆者、青空うれしさん

風靡した青空うれしさん。当時の岡晴夫の司会と歌を再現してくれるとのこと、九月末の公演が楽しみである。写真では一部きり紹介出来ないが、こうしたあたたかい人達に囲まれて本当に私は楽しい老い楽（おいらく）生活を送っている。最近親しくなり、私とは同年の青空うれしさん。この方のことは改めて次の機会にもう少し詳しく書かせていただくことにする。それにしても楽しく嬉しい友人達である。

皆さんのあたたかい心遣いに感謝！　感謝！

（二〇一七年八月　連載60）

劇団にんげん座公演「巷に雨の降るごとく」のチラシ

## 一九

## 「野球談義」「墓めぐり」と多才な青空うれしさん

◆

今年の夏は妙な夏だった。各地でゲリラ豪雨と呼ばれる集中豪雨があり、局地的に思いがけぬ大きな被害が次々と発生し、その度にテレビ、新聞では「記録的……」という文字が度々登場した。

暑さも昔の暑さとは違ったようで、先月号に書かせていただいた、かつて東京漫才界で活躍した青空うれしさんから電話がかかってきた。「今、浅草に居るんだけどよう、今日はひどい暑さで、外国人観光客のひとりに、暑いねェー、どこから来たの？って聞いたら、印度から来たんだけど、この暑さじゃたまらん、たまらんネと言っていた。印度人もびっくりする暑さなんてシャレにもなんねえや」と言って大笑いしていた。

カラッとした暑さで、夕刻さっと夕立があり、その後で涼風が吹いて……なんていう昔の夏は一体何処へ行ってしまったのやら、この辺りでは雲の厚い日が続きねっとりとした高い湿度で、まるで亜熱帯のような日が多かった。そうした中でカレンダーの日付だけは確実に日を重ね、九月を迎えてしまった。

うれしさんは、コロムビア・トップさんのお弟子さんで、相棒のたのしさんとともに東京漫才界で活躍をしたお人である。

青空うれしさんは、漫才のみでなく、昭和三〇年（一九五五）頃から岡晴夫の専属司会者を皮切りに、村田英雄、五月みどりなどの専属司会者として活躍。テレビ、ラジオにも数多く出演したが、日本テレビ「ウイークエンダー」のリポーターとしても一〇年間活躍、お茶の間に親しまれた。海外公演も多く、アメリカ西海岸、ロスアンゼルス、サンフランシスコ、更にフランスまでも笑いの場を広げた。

うれしさんの趣味といえば野球。そして有名人のお墓めぐり。野球の方は自分のチームを持ち、駒沢大学の出身なので元ジャイアンツの中畑清さんや、元西武ライオンズの石毛宏典選手などの先輩として親しく交友し、球界にも多くの人脈を持っている。

有名プロ野球選手の使用したグローブやバットなどお宝のコレクションは五百点を越えているという。お墓のほうはといえば、まさに古今東西あの人、この人のお墓を写真入りで、うれし流解説付きの本が、すでに三冊も出ている。

右から青空うれしさん、高原晃さん、筆者、池野忠司さん

その健脚？ぶりは外国にまで及び、画家の部としては、ドラクロワや「踊子」の絵で有名なエドガー・ドガ、そしてマリー・ローランサン。音楽の方ではベートーベンを筆頭にシューベルトとかヨハン・シュトラウス。野球好きのうれしさんらしく、ジョー・ディマジオやレフティ・オドールなど。詩人のアポリネールや、かのマリリ

ン・モンローなどの墓にも足をのばしている。

日本人の有名人の墓はずらりと数百人にも及ぶ様々な人の名前が並び、そのひとり、ひとりに博識豊かなうれし節の絶妙な解説が付けられ、おもしろいこと、おもしろいこと。近頃「墓めぐり」を趣味としている人もちらほら耳にするが、うれしさんのようなスケールの大きな人には会ったことがない。

うれしさんにはお叱りを受けるかもしれないが、もはや時効にもなっているので、私が当時ショックを受けたことを思いきって書かせていただくことにする。

昭和三〇年、田端義夫と当時一一歳の白鳥みづえがデュエットした歌謡曲『親子舟唄』は大ヒット曲となったが、目をつけていた（ゴメン！）うれしさんが猛アタック。昭和三六年うれしさんはこの白鳥みづえさんと結婚している。

白鳥みづえさんは一七歳だった（うれしさんは一六歳だったと言っているが、私の手許の資料では一七歳になっている）。交際中、中学校への送り迎えをしたという伝説めいた話まで残っている。白鳥さんは旧満州生まれ。引き揚げて四歳の時ＮＨＫのど自慢に出場。二位に入賞したことがきっかけで、歌の道へ進んだ。米軍のキャンプまわりや、昭和二五年日劇小劇場（のちの日劇ミュージックホール）に出演しているところを大映にスカウトされ、『母月夜』（昭二六）でデビュー。三益愛子と母娘コンビを組み、『母千鳥』『母人形』『母山彦』『母の湖』などで名子役とうたわれた。同時に昭和二七年、美空ひばり、江利チエミら少女歌手ブームにのって、テイチクレコードから『黒い瞳』『おとぎブギ』で歌手デビュー。前出の田端義夫とのコンビによる『親子舟唄』の大ヒットへと続いたのである。

青空うれしさんの著作の一部

一七歳（一六歳？）での結婚をうれしさんは「今

なら犯罪だネ」と話し、うれしそうに笑った。

そのうれしさんから、カラオケのお誘いが来た。場所は銀座のコリドー街。うれしさんの知人のビル。

「八月だから、軍歌からいこう」とうれしさん。同行した仲間の高原晃さん、池野忠司さん。お二人ともなつメロ界では知られている人で、特に高原さんはたいへんな美声の持ち主で、アコーディオンの奏者でもある。

その中にあって、私ひとり、昭和初期からの古い懐メロの多くを知っているということだけは小さな自慢だが、歌の方はさっぱり。北海道民謡『道南口説《くどき》』の歌い出し通り、「わたしゃこの地の　荒浜育ち　声の悪いのは　親ゆずりだよ　節の悪いのは師匠ないゆえに　一つうたいましょ　はばかりながら～」という訳で。

## 愛書家にはやるせない「断捨離」

先月書いた「終活」「断捨離」の話には、三人の読者の方からお便りをいただいた。

活字離れが話題になって久しいが、今でも愛書家と呼んでいい人が世間には残っているんだなァと一寸嬉しくもなり、淋しくもなった。

昭和四〇年（一九六五）頃、ＮＨＫＴＶで放映されていた「ひょっこりひょうたん島」を制作していた劇団ひとみ座のスタッフの人に誘われて、当時原作者のひとり、井上ひさしセンセイをお訪ねしたことがあった。

愛書家の典型のようなお方で、愛書談義で花が咲いた日をなつかしく思い出した。「古本屋へ一歩入るとネ、書棚の中から、『私を買って！』と探していた本の方から熱い視線を投げかけてくるのよ。いそいそ買い求めて帰宅し、期待に胸をはずませながら、まず本の腰巻（本の表紙の下の部分にぐるりと本を囲んでいる宣伝用の帯）をはずすのネ」この気持ち、私にも共感出来た。

大きな段ボールにいっぱい、ごそっとアメリカ雑誌の切り抜きが出て来た。終戦直後こうした『ライフ』『ポスト』『コリアーズ』等々のアメリカ雑誌も当時なかなか入手出来なかった。

　高校生になったばかりの私は、乏しい小遣いをふところに神田神保町の古書店街を夢中で歩きまわった。今の三省堂の大通りをへだてた所に「神田日活」という映画館があり、その右側の路地にいつも露天の古本屋が店を出していた。書店主？　の水野重松という立派な名前の老人と私はいつか親しくなっていた。通称「チョンマゲのおじさん」と呼ばれていた水野老人は、私が知り合う前は本当に頭にチョンマゲを結っていたそうだが、私が知り合った頃は、頭はザンバラ髪で、鼻下とあごに長いひげをそなえていた。

　仙人のような風貌で、やさしい眼をしていたが、私の本の好みをすぐ呑みこんで、私がいつも寄ると、何冊かの雑誌を布製の大きな袋から取り出して、「持ってきな」と出してくれた。昭和二〇年代後半の話である。

　後に師の小松崎茂先生の話では、「俺もチョンマゲのおじさんには随分世話になったなァ」と話していた。あの手塚治虫先生も世話になった一人だと後になって耳にした。何でもおじさんは羽田へ着くアメリカからの旅客機の掃除をしている知人から最新のアメリカ雑誌を入手していたということだった。

　「終活」の大整理のお陰で、なつかしい当時の雑誌のスクラップに久々に会うことが出来た。食事代も節約して、神保町の古本屋街を歩き廻った若い日がなつかしく思い出された。

　まだ六〇代の友人のMさんは、たいへんな愛書家で、気にいった蔵書には大きな蔵書印をべたりと押してあり、この本は勿論門外不出。彼はこの蔵書印を婚姻届と呼んでいた。要するに蔵書印を押したお気に入りの本は、生涯手許に置き続けるんだという。

　彼はこの「終活」とか「断捨離」といった風潮に、どのように向き会うのだろうか？　私はそれを思って、たまらなく遣《や》る瀬ない気持ちに沈んだ。

　今月もあっという間に紙面が尽きた。

　いつも応援してくださる友人の黒須路子さんはじめ多くの仲間達に心から感謝しつつ――。

（二〇一七年九月　連載61）

## 二〇

## 「軍国少年」の疎開

◆

私は来年二月で満八三歳になる。長寿社会を迎えているとはいえ、自分がそんな年になっているとは全く実感としては捉えにくい。

私は、色々なグループで、色々な人にお世話になってきたが、つい先頃までは、いつも各グループの中では若手組ということが多かった。それが先日、あるパーティで、「長老」と呼ばれてびっくりした。もっとも八二歳ともなれば、そんな風に呼ばれても不思議ではないのかもしれない。

東京都荒川区南千住町。私の家は祖父の代からの所謂《いわゆる》ペンキ屋だったが、機械塗専門のペンキ屋で、日中戦争の激化で家業も順調？　私は何不自由ない恵まれた幼年期を送って来た。

祖父母には子どもが無かったので、祖母の姪だった母が六歳の時から根本家の養女として育てられた。父はムコ殿だった。

父の実家は柏の大きな農家だったが紹介されて祖父が父の実家へ出向き、働き者の父の姿に一目惚れして、その場で結婚を決めて帰って来た。今では考えられないことだが、父母の始めての出会いは婚礼の当日だったという。

つまり私の両親は、初対面で結婚したのである。私が生まれた時には、祖父母に両親、それに事情があって私の家で育てられていた母の従妹が二人。そして祖父の弟子が二人の八人に私が加わっての九人という大家族だった。

「産めよ殖やせよ」の時代、私の下には年子で弟が誕生。次々と弟が生まれた。同じ屋根の下で、私は祖父母に引き取られた形で、年寄りっ子として、祖父母の溺愛を一身に受けて育った。

昭和一六年（一九四一）四月、学制が改められ、小学校が国民学校という名称になった。私はその第一期生となって、勇んで学校の門をくぐった。

その年の一二月八日、大東亜戦争勃発。開戦当初の戦勝気分も徐々に薄れ、昭和一七年四月一八日、本土初空襲。私はこの時のB25の来襲を偶然物干しで見ている。子ども心に訳の判らぬ戦慄で、直後震えが全身を襲ったことを覚えている。

昭和一八年の末頃からか、町のあちこちで、強制疎開と称して、都市密集地の建物を取壊して空地を作り、空襲の際の延焼を防ぎ、消火活動を容易にするための建物疎開が始まった。

指定された区域の建物が、バリバリと隣組まで総動員で情け容赦なく家が壊されていった。

そして一九年八月、夏休みを利用した学童疎開。国民学校の児童三年生以上が対象となり、都内の各区別に疎開先の府県が割り当てられた。

私は国民学校四年生。母校の疎開先は福島県飯坂温泉に決まった。大半の生徒は参加したが、私の家では父の実家を頼っての所謂縁故疎開の方を選んだ。校庭は、生徒達と見送りの家族達で身動きの出来ない程だった。

「軍国少年」というレッテルを貼られた学友たちが、引率の先生に先導されて神妙な顔で整列し、校門を出て行くのを大勢の見送りの家族に混じって私もバンザイ、バンザイと声を張りあげて見送った。

学校から生徒がいなくなった。近所の遊び仲間も姿を消した。

私はベーゴマ、写真メン（コ）、ビー玉をふところに、家族に隠れて吉原辺りまで、遊び友達を探しに出かけたりした。

日増しに空襲が激しくなり、一九年の晩秋、私は母と弟妹の四人で柏の父の実家へ疎開した。時代が悪かったのだろう疎開先での生活は、東京で恵まれ

自宅の前で。前列左が著者

て育った身にとって、想像もつかない苦しいものだった。

疎開当時は、食事も一緒だったがタダ飯食いと言われすぐにトラブルとなり、食事は別々になったが、疎開者にとっては極度な食糧不足で、私は死んでも良いと思い、東京で頑張っていた祖父母や父が恋しくて、一九年暮に母子四人で、東京へ帰ってしまった。空襲は日増しに激しくなり、二〇年一月二七日の爆弾による空襲。これは恐ろしかった。爆弾が落下する際の空気を切り裂く音に私の心臓は縮みあがった。

そして二月二五日の雪の日の大空襲。三方を火に囲まれ、防護団の人に怒鳴られながら、唯一火のまわっていない日光街道方面に、祖母と固く手を握り合って逃れたが、防護団の人々の怒号に右往左往し、近くの防空壕に引きずり込まれた。幸いその日の空襲で、私の家一帯は焼失を免れたが、夜になり、周囲の炎は燃えさかったままで、炎の明るさで昼のように明るい夜で、朝を迎えた。朝になってもまだ周囲は燃え続けたままで、常磐線のガードをくぐると一面の焼野原で、浅草の街がすぐ目の前にあるのに驚かされた。「もうこのままでは死を待つばかりだ」祖父母や父の説得で、私と母と弟妹の四人は涙ながらに柏へ連れ戻された。

やっと手に入れた乗車券で二月二七日夜、私達は柏へ向かった。当時常磐線の電化は松戸までで、松戸駅で上野発の下り列車に乗り換えた。

南千住から柏まで、今ならほんの三〇分弱だが、当時は子ども心に、はるばる来たという感じだった。柏には連隊も二つあり、日立の大きな（軍需）工場もあり、陸軍の飛行場もあり、高射砲陣地もあった。「軍都柏」といわれていたと知るのは、戦後何年か経てからのことで、まさに知らぬが仏といったところだったが、父の実家は農家で周囲はまったくの山林と田園地帯だった。

先年お亡くなりになった東山魁夷夫人のすみさんの話では、応召された魁夷先生は、当初柏の連帯に入隊したそうで、先生は、当時の柏駅の駅舎の割れたままのガラス戸が、とてもなつかしいと話していたという。

三月一〇日の東京大空襲。見渡すかぎりの真紅に染まった空の色を、私は疎開先の柏で眺めた。

激しい空襲のあと、物凄い炎の色に染まった東京方面の空を見て、「これはいつもの空襲と違うぞ」と茫然として朝を迎えた。

その日の夕刻、どこで入手したのか煙ではれあがった眼にサングラスをかけた父が自転車でやって来た。「やられたよ」。その一言で、すべてが飲み込めた。幸い家族は無事で、母の実家に一同して身を寄せたという。

すべてを失った私は四月から柏一小へ転校の手続きを済ませた。国民学校五年生。新学期当日の男子のクラスへの転校生は、私とS君の二人だけだった。どうしても弁当箱が手に入らなかった。叔母から、「こんなんでいいかい」と差し出されたのは、梅干の酸化で蓋に穴のあいたアルマイトの弁当箱だった。嬉しかった！　しかし、中に入れる米もろくになく、母が家族の分すべての米をやりくりして、どうにか弁当を持たせてくれた。昼の時間になると、各クラスから、次々と大声の合唱が始まる。

「箸とらばー天地御代《あめつちみよ》の御恵み、父母や師匠の恩を味わえ――」一同が弁当を広げると、クラスのボス達が数人、机の上へどんどん上り、弁当の中身を検査し、気に入った「おかず」があると、皆取りあげてしまう。米飯の下に隠してあってもすぐ見つけられて取りあげられた。私は幸か不幸か立派なおかずはないので、その暴力からは、いつも逃れることが出来た。それでも私は家で待つ弟を思い、毎日一口食べただけで家へ持ち帰った。

朝登校すると、その日の組み合わせがボスの手で決められていて、放課後、階段の踊り場をリングに見立て殴り合いをやらされる。

グラマンや、P51ムスタングの空襲で、早退出来た日は、ほっと一息の一日だった。

教室で喫煙する者も数人いて、まさに暴力教室だった。学校の底なし田圃《たんぼ》と言われた水田での稲作づくり。甘藷《かんしょ》作りや航空機の燃料にするという松脂《まつやに》とり。学校で飼っていた軍馬用の乾草《ほしくさ》作り。疎開っ子としては、鎌ひとつなく、苛酷な毎日が続いた。暴力の風が吹きまくる学舎で、一〇歳の軍国少年は必死に毎日を過ごした。履く物は藁草履《わらぞうり》すらないので、真冬でも裸足で通学した。友人達も皆同じだった。皸《あかぎれ》霜焼けで苦しむ中で、翌年の春を迎え、敗戦のあの夏の日を迎えた。

玉音放送の数日後、時折出会うずんぐりしたおじさんに声をかけられた。

「玉音放送」（小松崎茂・画）

「あんちゃん、疎開かい？」私がうなずくと、おじさんは急に私の肩を抱くようにして、ぽんぽんと私の背をたたいて黙って去って行った。

聞くところによると、近くに疎開していた武見太郎という人だった。のちに武見天皇ともケンカ太郎とも言われた日本医師会のドン、日本医師会会長武見太郎その人だった。

（二〇一七年一一月　連載63）

「焦土からの出発（たびだち）」（筆者・画）

## 二

## 「軍国少年」の戦後

◆

終戦の玉音放送を、私は疎開先の柏で聴いた。録音状態も悪かったし、おまけにラジオも悪かったので、何のことか良く判らなかった。しかし、戦争が終ったことは、周囲の大人たちの様子から伝わって来た。

したたる汗を拭いつつ見あげた空は、高く高くどこまでも晴れ渡っていた。暑い暑い日だった。進駐軍が来ると、男は皆睾丸を抜かれ奴隷にされる。女はみんな――色々な風評が流れた。近所の農家のおばさん達が、そんな噂をささやきながら、野良着の襟をかき合わせていたのが妙に印象に残っている。

各農家では豚を飼っている家が多かったが、一斉に豚の屠殺《とさつ》が行われ始めた。

進駐軍が来ると、豚は皆没収され食べられてしまうという風評からだった。

一斉に――といっても一度に殺してしまっては食べきれるものではない。部落の人が話し合って、代わりばんこに殺すことになった。柄の長い薪割りの反対側で、豚の鼻の後、人間で言えば眉間と覚しきあたりを狙いさだめて一撃する。豚はぎやうっと叫んで絶命する。

一度一寸狙いが外れて鼻血を流した豚が必死で逃げ出したことがあった。畠や木々の下へもぐりこんだりして、見物の子ども達も含め大捕物になり、捕まえるまで、かなり時間もかかり手間取ったことがあった。

屠殺した豚は、井戸端でブラシで丁寧に洗われる。豚は元来綺麗好きな動物だと、ずっと後に何かの本で読んだが、ブラシで洗い流された豚の身体は真っ白で本当に綺麗だった。解体は気味悪いので見なかったが、夕刻疎開者にも、ほんの少々豚肉のおすそ分けがあった。

数日を置きながら、順番にそれは行われた。

炎天下の下で相変わらずのさつま芋作り。担任の女教師が、近くの飛行場から飛来する陸軍の軍用機を仰ぎ見て、「皆さん！　よく見ておきなさい！　日の丸の翼は二度と見られないんですよ！」と叫んだ。小柄で子持ちの気丈な先生だったが、見ると汗と涙で顔がくしゃくしゃになっていた。終戦前は本土決戦用に裏山には縦横に防空壕用の穴が掘られ、学校にも兵が宿泊していた。

戦後の闇市（小松崎茂・画）

兵といっても年配の兵ばかりで、若い兵は少なかった。炊事当番の兵が「今日の味噌汁の具は胡瓜《きゅうり》だぞ！」と大声で叫ぶのを聞いてどんな味がするんだろうと不思議に思った。

将校が一人でぶらりと畠を見て帰った夜は、きまって西瓜泥棒にごっそり西瓜を盗まれた。

犯人は判っていても逆らうことは出来なかった。

昼間、何人かの兵が連れ立って、ふかし芋を食べに来た。富山から来たという兵隊さんが、胸のポケットから、私と同年という息子さんの写真を取り出して、涙ぐみながら芋を食べていた。

そんな兵隊さんも皆姿を消した。校庭の中央に置かれたドラム缶には私達が一滴ずつ集めた貴重な松脂が入っていて、それに火が点けられた。はるか飛行場の方角からは黒煙が舞いあがっていた。

何でも機密書類を焼く煙だと知らされた。

戦争が終わって、予科練上りだという気合の入った若い教師が二人赴任して来たが、学園は荒れたままだった。年配の先生には、「敗戦将校」と呼んで皆で馬鹿にした。

廊下に一列に並ばされ、予科練上りのN先生に往復ビンタを喰ったことが何回もあったが、そんなことでひるむ子ども達ではなかった。

前にも書いたが、八月に戦争が終わり、私達一家は一〇月に柏の中心部に近い木造二階建のアパートをやっと見つけた。母の実家に身を寄せていた父も

街にあふれていた浮浪児（筆者・画）

帰って来て父と母、それに私と弟妹の五人家族で新しい生活に入った。部屋はたった六畳一間で、炊事も、トイレも共同だった。

食糧事情は益々ひどくなり、雑草こそ食べなかったが、口に入るものは何でも食べた。

祖父母は終戦直前、祖母の義弟が中風で倒れ、頼られるままに、母の実家から八王子へ移り、そこで再び空襲に遭って、又焼け出された。幸い生命だけは助かったが、壕舎の中で生活をしていた。

八王子の家は大きな江戸小紋の捺染工場で、裸一貫から立ち上がった親類一番の出世頭だった。

古くからの八王子の住人達にも、元本郷の高野捺染といえば、多くの人に知られていた。

大きな煙突だけ焼け残ったが、工場が大きくなるまでの資金の調達は、私の家が大きな後盾となっていたそうで、主《あるじ》の祖母の妹夫婦は、すべて私の祖父に頼りっきりだった。一時は凄い羽振りだったが、その大叔父は、空襲の最中に他界した。

戦前、横綱の男女ノ川《みなのがわ》と共に裃《かみしも》姿で高尾山で、節分の豆撒きをした際の立派な写真が残っている。

落成当時の柏市立柏中学校

祖父母に溺愛されて育った私は、祖父母に会いたくてたまらなかったが、祖父母の方の思いはそれ以上で、壕舎の中で涙々《るいるい》の毎日だと聞かされた。

話は一寸横に外れたが、私の方は何はともあれ親子五人が揃い、疎開生活の重圧からも解放されて、飢えに苦しみながらも嬉しい毎日となった。

八王子の工場から焼け残った染料に使うとうもろこしの粉が届けられた。黒っぽい粉で、何とも嫌な匂いがしたが、これを熱湯で練って団子状にして蒸すと、何とか食べられた。不味いなんて言っていられなかった。本来は鳥の飼料にする麩《ふすま》をやっと手に入れて、フライパンで焼いて食べた。要するに小麦粉を製粉する時に出る滓《かす》である。毎日毎日ひもじい日々の連続だった。

現在柏レイソルのサッカーで賑わう日立の工場跡には、社員の慰安用に映画館まであった。ぞろぞろ先生に引率されて全校の生徒で映画を観に出かけた。フィルムは寄せ集めのもので、野球のカーブやドロップの投げ方の説明のものや、渡辺はま子が、支那服姿で大きな扇を持って「支那の夜」を歌う画像が印象に残った。

ぞろぞろと言えば、当時の柏町には保健所も税務署も無かった（柏保健所の開設は昭和四一、一九六六年である）。健康診断のレントゲン撮影のため、私達は、松戸市まで全校の生徒で出向くことになった。全員徒歩で松戸まで一日がかりの健康診断だった。勿論今の国道六号線は無かった（国道六号線開通は昭和三〇年代になってからである）。

そんな中で私達は国民学校（小学校）を卒業し、六・三・三・四年制の新しい学制のもとに新制中学一期生として中学生になった。

中学生になっても、校舎はないので、柏一小にそのまま居候をした。かつてさつま芋作りをした広大な畠の跡に、どこかの兵舎の古材を使ったというたった一棟の校舎が誕生したのは、私達が二年生になった夏休みのことだった。塀も何もないので、どこからが校庭なのか判らず、何しろ広いので私達はクラス毎に専用の野球グラウンドを作った。

アパートに移って、友人のお姉さんの発案で、アパートの子ども達を集めて、陸軍病院へ見舞いに出かけたことがあった。

昭和一四年（一九三九）に柏陸軍病院として開院された病院は、昭和二〇年一二月、国立柏病院と改称されていた。受付で「何を演じてくれるのですか？」と聞かれたが、私達は手分けして集めた古雑誌を土産にした位で、芸など持ち合わせる筈もなく、逆に兵隊さん達からハーモニカを聴かせてもらったり、逆慰問をされてしまった。大喜びしてもらえたことだけが救いだった。

白衣の勇士と騒がれ大事にされていた人達が、内科病棟、外科病棟にあふれていた。

子ども心にもそれは悲しく切ない一日だった。

浅草・観音様（浅草寺）の仮本堂

戦争が終わって二年程して、私達一家は浅草がどんな風になっているか知りたくて、切符をやっと入手して上京した。

疎開中、様々なことがあったが、今命あるのは父の実家あってこそと思い、八人兄弟の末っ子の従弟（いとこ・小学一年生）を連れて行くことにした。

私の弟は従弟より一歳年下だった。見たこともない白い大きな握り飯を頭数だけ持たせてくれた。外観は焼け残った浅草の松屋をはじめて見た従弟は、「うわあ俺《おら》の家よりでっけえ！」と肝をつぶしていた。大池（ひょうたん池）の傍らで弁当を広げかけたら、大勢の浮浪児に囲まれてしまい、必死で逃げ出した。

観音様の小さな仮本堂に手を合わせ私はそれでも、命が永らえたお礼をした。


（二〇一七年一二月　連載64）

## 二二
## 戦後の荒れた学校と恩師〝辺さん〟

昭和二三年（一九四八）九月、新制中学二年生になっていた私達は、夏休みが終わって二学期を迎え、落成したばかりの柏中学校へ移った。どこかの兵舎の古材で作られたという校舎は、たった一棟だけだったが、その土地は、戦時中甘藷作りをやらされた広大な芋畑の跡だった。

塀も境目もなかったので、どこからが学校の敷地なのか判らず、とにかく凄く広かった。

整地しようにも工具や機械は何もない。

数本の万能鍬があるだけで、私達は全校の生徒で横に一列に並んで、バケツの水を撒きながら、ぼこぼこ足首までもぐる畑の土を踏み固めた。

生徒の数は多かったが、校庭の広さには追いつけなかった。

風が吹くと、もうもうとした大砂塵となった。因みにこの柏中の砂塵公害問題は、人家も増えて、住宅地となった昭和四〇年以降まで続き、近所に長く住んでいた私は、対策委員に選ばれたこともあった。

話を昭和二三年に戻すことにする。この校庭の整地中、思いがけぬ事故が起こった。

T君が振り下ろした万能鍬がK君の左手に命中して、K君の左手の小指が根元からすっぱり切り落とされてしまった。大騒ぎとなり、私達は走ってO外科へ駆けこんだが、あいにく先生は不在。当時は病院、医院も少なく、やっと応急処置をしてくれたM医師はなんと耳鼻科の先生だった。K君の小指は遂にもとへは戻らなかった。後年K君は経営コンサルタントのような仕事をしていたが、「知らない土地のバーなどで、ちらりと左手を覗かせると、地元のチンピラ連が、指をつめたことのあるその筋の人間と勘違いして、さっと静かになる」と苦笑いしていたが、そのK君も数年前に他界している。

あの頃の少年達は、殆ど全員といっていい程「野球少年」だった。

広い校庭に、クラス毎にいくつもの専用球場が作られた。野球のグランドは出来たが、バットやグローブはほとんど無かった。

肝心のボールもなく、大きなビー玉やまれにゴルフボール等を芯にして、工夫をこらし手製のボールを作った。Y君のお母さんは洋裁で生活をしていて、このお母さんが作ってくれたボールは大きさといい、手ざわりといい抜群のものだった。私達は、クラス専用のグランドで三角ベース野球やら、独自のルールを作って野球に夢中だった。

二年生になった頃、（前にも書いたが）生徒は進

当時憧れた歌手の岡晴夫（左）と、
阪神タイガースの名捕手・土井垣武
（青空うれしさん提供）

学組（二クラス）と実業組（四クラス）に分けられた。その時の担任が渡辺正雄先生だった。小柄な先生だったが、ある種カリスマ性のある先生で私達はこの先生の虜《とりこ》になった。いや虜になったのは先生の方かもしれない。

　この渡辺先生、通称「辺さん」の影響を強く受けた仲間は多く、私もその一人で、その後の人生に強い影響を受けることになった。

　担任になった初めての父兄会で（この頃からPTAという言葉が使われるようになった）辺さんは父兄に向かって、「私が担任になったからには、責任もって全員志望校に入れてみせるから、任せてください」と大見得をきった。学校全体では相変わらず暴力の風が吹きまくっていたが、辺さんを中心にした私達のクラスは皆結束して、勉学に勤しんだ。

　中学二年生で、島崎藤村の「破戒」をクラス総動員で演じたのがこの頃で、上演日は手許に残るメモでは昭和二四年三月七日となっている。前にこのシリーズで詳述しているので詳しいことは割愛させていただくが、みんなみんな辺さんの力によるものだった。ところが三年生になり、進学組とか実業組（高校進学をしないですぐ社会人となって働く人達）とかに分けるのは義務教育の中では許されないことという学校の方針で又ばらばらに解体され、新しい編成で六クラスにまとめられた。辺さんは学校を辞め、私塾のような形で、スパルタ教育を続けてくれるようになった。

　父兄からの申し出でも金銭は一切受けとらず、私達は、町から借り受けた小さな小屋を先生が一人で寝られるように手を加え、狭いので二組に分けられて、その小屋へ通い受験勉強を続けるようになった。

　新しく始まった六クラスのクラス委員は、すべて

中学2年当時演じた「破戒」の台本

前年辺さんの薫陶を受けた私達で占められたが、教室内の荒れた空気は一層ひどくなった。私自身も保身上、この風潮は無視出来なかった。学校では悪さをくり返し、放課後は辺さんの所で真面目な生徒になり勉学に励むという二重人格的生活を自己嫌悪を伴いながら続けていた。

大雪の日のことだった。生徒は校庭で雪合戦などをしていたが、誰からともなく先生達を呼び出して、雪の中へ埋めてしまおうということになった。

先生達は気配を察して職員室から出て来ない。職員室へ向かって、ありとあらゆる暴言を叫んだが、先生達はガラス戸越しに愛想笑いを浮かべて閉じこもっていた。と一人若いRという先生が飛び出して来て、「貴様ら！」と何か叫んだが、たちまち生徒に袋叩きにされ、血だるまになって雪の中で大の字になり、「さあ殺せ！　殺しやがれ！」と叫びつづけた。

級友の一人にEという女生徒がいた。

大柄でおませな生徒だった。作業を終えて、井戸端でブルーマー姿で足を洗っていた。

ふと気付くと物陰からそのEさんの太ももを熱心に覗いているDという教師の姿が目に入った。男生徒の何人かがこれに気付いたが、そのうちの三人ぐらいが各々バケツに並々と水をくんで階段を駆けあがって行った。見ると、二階の窓から三人が手を振っている。ちょうどD先生の真上だった。

三人が一斉にバケツ三杯の水をD先生の真上から下へ向かって放水した。D先生は悲鳴をあげて職員室へ転がりこんでいった。

こうした事柄は鮮烈に覚えているのだが、その後どうなったかは不思議と覚えていない。

私自身もかなり悪さをした。校舎は一棟だけだったので、集会室という教室二部屋分の多目的教室があった。オルガンがひとつあって、音楽は二階のこの部屋で授業が行われた。

クラスの窓硝子を三枚割ってしまい、寒くてたまらなかった。私を中心に音楽の時間、皆窓側に陣どって、大声で歌を歌った。

ヤスリを持って来た仲間がいて、歌に合わせてそのヤスリで集会室の窓の桟を切り始めた。

上は国鉄総裁下山定則と轢死体が発見された常磐線の現場、下左は三鷹事件、下右は松川事件現場（中村信生・画）

「線路は続くうよどおこまでも〜」。キーコンキーコン。無事に三枚のガラスを手にした。

授業が終わるやいなや、私は上着を脱いでガラスを包み、級友に囲まれて一階のホームルームに駆け降りて、クラスの窓硝子に三枚をはめこんだ。

この時もお咎めなし！　先生達は卒業式の仕返しを恐れて何も文句は言わなかった。

こうしてひとつひとつ書き出したらキリがない。毎日がそんなことの連続だった。

そして放課後から夜は辺さんの許で、「良い子」になった。

昭和二四年、この年は今でも戦後史の中で謎の事件と言われる「下山事件」「三鷹事件」「松川事件」と七月から八月にかけて鉄道にかかわる事件が続発した。世間も荒れていた。

私の家でも、親類に頼られ、八王子へ移って二度目の空襲に遭った祖父母のうち、祖母が七月九日壕舎を改造したままの住居でこの世を去った。私のことを幼い時から溺愛してくれた私にとっては大事な大事な祖母だった。中学生になってから、夏休みとか冬休みとかを私は八王子で過ごしていた。

ラジオもない生活に、私は講談本等を探して持参し、夜は祖父母に読み聞かせた。

日中戦争で中断したままだった松戸・取手間の電化が開通したのが祖母の亡くなる一月前六月一日のことだった。それまでは松戸以遠東京方面への切符は電車区間と呼ばれ、極度な制限のため入手出来ず、柏から松戸まで木炭バスならぬ薪を燃料にしたバスが一日何本か出ていて、早朝から並んでやっと乗りこんだ。いつも祖父が送り迎えをしてくれた。

祖母の葬儀の後始末で八王子へ出向いた際、七月一五日に発生した三鷹事件の生々しい現場を私は見ている。

この日より前のことだったと思うが私は夜真面目な生徒になって辺さんの所へ通っているのが面白くないと言ってリンチに遭った。下校時五、六人に待ち伏せられて山の中で押さえこまれた。

中の一人がぶらぶら大きな青大将をぶらさげて、私の口をこじあけて口の中へその鎌首を押し込もうとした。

（二〇一八年一月　連載65）

## 二三　中学卒業とともに終わった暴力の風

今でもあの時のことを思い出すと、全身鳥肌がたつ思いがする。私は蛇が大の苦手だった。学校では悪童の一人としてあばれていたが、下校して夜にかけて私は二年生の時の担任渡辺先生――「辺さん」の所へ通って、真面目に受験勉強をしていた。そんな二面性の生活態度をクラスの悪童一派は苦々しく思っていたようで、放課後私を待ち伏せして、私は山の中へ引きずりこまれた。

四人がかりで押さえこまれ、鼻を押さえられて苦しいので口を開けざるを得ないところへ、一人が青大将の鎌首をつかんで私の口へ押し込もうとした。

火事場の何とか力という言葉があるが、私は無我夢中で四人をはね飛ばし、投げ出されてあった自分の鞄に飛びついた。

鞄の底には、国民学校（小学校）の頃から護身用として持ちつづけたドスが忍ばせてあった。実はこの刃物は疎開してすぐに、父の実家の納屋で見つけたものだった。

埃《ほこり》だらけの短刀だったが、中は割に切れそうな刃が出て来た。私は鎌を研ぐ砥石をひそかに持ち出して、丁寧にその刃を研いだ。暴力に明け暮れた国民学校時代、護身用として常に鞄の底に入れて持ち歩いていた。何度か取り出さざるを得ない場面に遭遇することはあったが、幸いにして取り出したことはなかった。

しかし、この護身用のドスが鞄の中に入っていることが、どれだけ心強かったかしれない。そしてこの私刑《りんち》の時は遂にこの刃物を取り出さざるを得なくなり、私はドスを抜いてこの四人と近くで眺めていたボスを含め、五人に立ち向かった。

五人は私の思いがけぬ逆襲に驚いて青大将も放り投げたまま逃げ出した。

その夜、辺さんのところから帰った頃、昼間の私刑の首謀者であるクラスのボスが私を迎えに来た。何しろ六畳一間きりのアパートなので、カーテンの隙間から家中が見渡せられてしまう。居留守は使えなかった。

私は初めてボスの自宅へ連れて行かれた。

大柄で凶暴な面もあったボスのY君が、実は一人っ子で両親に溺愛されていて、大変な甘えっ子であったことに驚かされた。別棟の風呂場に案内され、湯上りに飲んだこともないサイダーを振舞われた。

妙なことになり、それ以来彼は何かと私に頼るようになった。クラスの男生徒を横に一列に並べ、一人ずつに煙草を喫わせる。煙草を口にしない生徒は、その場で袋叩きにした。私は殴る側にまわされたが、これは殴られるよりつらかった。授業中にクラスの代表者ということで名指しで呼びに来られた。

いつも迎えに来るメッセンジャーボーイは一度私が殴り倒したことのある奴だったので、私には逆らって来なかった。授業中こっそり抜け出して、彼の案内に従いながらあちこち目印になる木や草を見つけ、その場所にポケットにある物を隠して出向いた。

林の中には町で見かけるチンピラ連中が数人集っていて服装検査をされる。私はそれを見越して隠して行ったので、いつも被害から逃れることが出来た。

友人のM君の家にはポータブル蓄音機があった。私達は授業中に抜け出して林の中で夢中になってレコードを聴いた。昭和二四年――岡晴夫の全盛時で、封切られた映画の主題歌「男の涙」とB面の「涙の小花」をレコード盤がすりきれるほどかけて聴きほれた。

秋の修学旅行は各駅停車の夜行列車で、京都、奈良の関西旅行だった。食事の回数分一食につき米一合持参の旅だった。

京都での夜は騒いでいる友人達と別行動して、親しい友と、たしか公園劇場といったか、デビューしたばかりの京まち子の実演を見に出かけた。京まち子のダイナミックなブギの踊りを今もはっきり覚えている。

この旅行中にもいろいろな出来事があったが、学校の話が長くなったので、割愛させていただく。

昭和二四年、まだまだ戦後の生活からは抜けきらないきびしい毎日が続いていた。

それでも八月にロサンゼルスで開かれた全米水上選手権大会で古橋廣之進が一五〇〇メートル自由形予選で一八分一九秒〇の世界新記録を出し、「フジヤマのトビウオ」と騒がれ、一〇月にはフランク・オドール監督ひきいる「サンフランシスコ＝シールズ」が来日し、大リーグにつぐ3Aのチームだったが、戦後初の本場アメリカ野球チームの来日とあって、各試合は超満員の人気を呼んだ。

神宮球場での試合は、当時としては珍しいナイターということもあり、六万人の大観衆を集めたという。

因みに対全日本軍戦三試合、巨人軍とは三試合対戦したが、シールズの全勝。全日本軍が一点差の接戦を二回演じて終わっている。

一一月三日、湯川秀樹博士がノーベル物理学賞を受賞。自信を失っていた敗戦後の日本人に大きな希望を与えた。

そうした中で私達も卒業式を迎える日が近づいて来た。式が終わったら、校長はじめ、数人の先生をターゲットにし、ひと騒ぎするという一団がいた。

　卒業式の前夜、私の家へも当時のＰＴＡ会長と副会長が訪れて、何とか騒ぎが起きないように協力してほしいと言って来た。「立つ鳥跡を濁さず――だよ根本君」ＰＴＡ会長の最後の言葉が今もはっきり耳に残っている。

　校舎は一棟きりなので、正面玄関を入った所に演壇が設けられ、生徒は廊下に左右一列に並ばされた。

昭和24年、三井三池炭鉱巡幸の昭和天皇
（森熊猛・画）

私の所からは演壇が見えないので、「来賓祝辞」という声だけが聞こえて来た。式はそそくさと終わり、先生方は職員室にこもって誰も出て来なかった。

　表で暴れる心算で騒いでいた生徒の一群も待ちくたびれて一人帰り、二人帰り、結果として卒業式は何事もなく無事に終わった。

　時節柄、卒業アルバムは制作されなかった。

　私はその後近くの東葛高校へ進学する訳だが、ここでも卒業アルバムは制作されていない。とにかく当時の写真はクラス毎に写した写真が一枚ずつあるだけである。

　中学二年の「辺さん」を中心の写真。三年の時の担任は増田英吉先生で、流山市の中学校長を最後に定年を迎えた。実は光風会所属の画家でもあり、この先生の前では私は頭が上がらなかった。その後私の会等へもよく出席してくれて「私のクラスのキュウチョウさん」と言って出席者を笑わせた。

　写真に写った顔を見ると、皆「よそ行きの顔」で、あんなに吹き荒れた暴力の風はどこへ行ったのかと不思議に思われる。

最後尾向かって左端が黒沢明君（その下が私）、のちに「ラヴユー東京」を大ヒットさせたロス・プリモスのリーダーだったあの黒沢明君である。「ラヴユー東京」の大ヒットの直後、病で倒れた不運の友である。松戸市の矢切近くにお住まいだった筈だが、しばらく消息を聞かない。何年か前八柱駅近くで奥さんと出会い、立ち話をした事があった。おとなしい真面目な友で、ロス・プリモス結成の前は、よく私の家へ近所で親しかった（のちの）ドリフターズの高木ブーちゃんとよく二人で終電の後お

中学2年のクラス写真。1列目中央が〝辺さん〟

中学3年のクラス写真。最後列左端が黒沢明君

茶を飲みに寄ってくれた。

長々と軍国少年時代からのことを書き綴って来たが、思い出すとよく五体そろってあの時代を歩きぬいて来たものと思う。

護身用として鞄に忍ばせていたドスはその後どうしたことだろう。吹き荒れた暴力の風も高校生になった頃はぴたりと吹き止んでいた。中学時代あまりにもいじめられて、近くの高校へ進むのを恐れて、都内の高校へ進んだ友が数人いる。

それにしても恐ろしい時代をタフに生きぬいてきたものとしみじみ戦後の日々を思い出している。紙一重で事件になるような事を何回も経験して来た。

中学を卒業した春休みに父が思い出深い柏中の近くに建てかけの一軒家を求めて私達一家はその未完成の家へ移ることになった。昭和二五年、桜の蕾もそろそろふくらみはじめた頃だった。

（二〇一八年二月　連載66）

## 二四　戦後の新生活。出会いと別れ

◆

昭和二五年（一九五〇）三月、私は新制中学の一期生として無事に中学を卒業して、六・三・三・四制の新学制のもと新制高校のこれも一期生として、高校へ進学することになった。

思えば東京を空襲で追われ、疎開っ子として柏の国民学校（小学校）へ転校して来た訳だが、転校一日目、新しい教室へ案内された直後、柏一小で当時同居していた高等小学校の先輩数人がドタドタっと教室へなだれ込んで来て、一人の生徒を袋叩きにし、去って行った。殴られ、蹴られ、踏みつけられて、Y君（後で名前を知った）は窓際で倒れたまま昼頃までぴくりとも動かなかった。担任の先生は、そんなことは全く無視して、授業を行ったことにも驚かされ、「とんでもないところへ来てしまった！」と夢中の一日目を過ごした。それからの毎日は暴力沙汰ばかり。しかし、連日の空襲の中、そんなことにも馴れるのに大した時間は掛からなかった。とにかく、生徒達の心も荒廃していた。

戦時中は中断していた県営柏競馬場が戦後復活し（昭和三、一九二八年に開所したという）、競馬場へ向かう道には祭りの日の露天商のようにデンスケ賭博が連なり、駅前も競馬開催の日には、同じく賭博の人ごみでごった返していた。駅前の交番が逆に姿を消していた。

こうした土壌もあり、この辺りの風紀は乱れに乱れていた（柏競馬場は昭和二七年に廃止されている）。柏競馬場の廃止で、広大な空地が残った。跡地には映画のスタジオが出来るとかオートレース場になるとか様々な噂が流れたが、結局団地が出来ることになり、今の豊四季団地が完成し、昭和三九年（一九六四）一二月に入居が完了した。私が東葛高校に入学した頃は広大な空地のままだった。たしか一周が一六〇〇メートルだったたか、体育の時間などで、生徒の態度が悪かったりすると、教師から「一周！」と声がかかり、時として「もう一周！」と命令されることもあり、走ることが苦手だった私は、その度にハアハア息をきらして、かつて競馬が行われたコースをよたよたと走らされた。

中学二年生の時の担任渡辺先生（辺さん）の特訓で、当時のクラス全員が志望校に進むことが出来た。入学直後、クラス編成のため国語、英語、数学、社会の四課目の実力テストが行われた。新入生全体で、私なども各教課ともベスト3に入っていたが、これはすべて辺さんのお陰によるものだった。

辺さんは、その生涯を私達クラス全員に捧げてくれた感があった。その後辺さんは、浜松へ移り、数年後帰京して荒川区町屋で世帯を持って息子にも恵まれた。教え子の多くは、良くも悪くも辺さんの影響を心に強く刷り込まれていたが、その中でも私が一番辺さんの性格に影響された一人で、その交流も一番長く続いた。

昭和四〇年代の半ば頃、その頃経営不振で苦しんでいた劇団新国劇が、ほんの一時、フジテレビの事業局に籍を移していたことがあった。当時ＴＶキャ

右側が父が購入した家。のちに左に私用の家を建てた。

ラクターの商品化の仕事で頻繁に局に出入りしていた私に事業局の辻勝三郎部長から新国劇の新橋演舞場公演の招待券をなんと大量一〇〇枚も無料でもらったことがあった。高い切符だし、無駄にしてはもったいないので友人、知人、観劇が好きそうな人に配りまくった。

大好きだった新国劇がさびれてゆくのは切なくて切なくて――。辺さんには一〇枚程送った。辺さんは私が切符を割り当てられて困っているものと勘違いして、少しまとまったお金を持って駆けつけてくれた。事情を説明し直して、お礼を言って引きとっていただいたが、それから数年後、突然現れて、「私の消息を訪ねる人が有ったら、連絡先を根本君にだけこっそり教えておくから――」と言ってメモを置いて帰って行った。何があったのか、文字通り糟糠の妻と呼べる奥様とも別れたらしく、その後、何回か置いていったメモの相手に連絡したが、連絡がとれず、それ以来ぷっつりと消息が途絶えてしまった。

高校生になった筆者

存命かどうか、今もって気にかかったままでいる。

昭和二五年春、桜がそろそろ開花する頃、現在の柏中近くに小さな一軒家を購入し、私達一家は、仮住まいのアパートからその家へ移ることになった。何でも、建築主の靴屋さんが、自宅用に建てかけたが、戦後で商売がぐんぐん繁昌して、急きょ都内へ移ることになったそうで、父は「商売繁昌で引っ越すのだから縁起が良い」と紹介してくれた知人の話にすぐ飛びついた。家は未完成のものだったが、地木（じぼく・この地の木材）でしっかりした家だったのが、父が気に入ったもうひとつの理由だったらしい。屋根は杉皮のまま。壁も荒壁のままで、畳もなく、建具も入っていなかった。六畳と四畳半、三畳ほどの玄関と、廻り廊下の奥にトイレ。台所は掘っ立て小屋だが、一寸した土間がついていた。

土地は一〇五坪程で、隅にポンプ式の井戸がついていた。この井戸はまさに地下水の水路をうまく掘り当てていたらしく、近所の家の井戸水の出が悪くなっても、私の家の井戸は、いつも威勢よく美味しい水が湧き出ていて、近所の人にも喜ばれていた。

早速畳を入れ、荒壁には渋紙をはった。

暴力で明け暮れた例の柏中が近くにあり、雑木林の中に私の家を含めて、住宅がぽつんぽつんと点在していた。すぐ裏に高木さんという家があり、この家の六人兄妹の末っ子の友の助さんが、後のドリフの高木ブーちゃんである。私達は当時「トモちゃん」「ロクさん」と呼んでいた。

高木さんの奥に清水さんという家があった。そこに玉ちゃんという美人さんが居た。たしか私と同年だった。少し後に新宿の伊勢丹に勤め、気性のさっぱりした娘さんだった。玉ちゃんは母親の連れ娘だった。両親はいわゆるヤクザ屋さんで、時折、庭でシャモによる闘鶏が行われていた。違法な職業なので、御主人は日頃から近所には気を使っていて、外見は人の良い温厚で世話好きな人で通っていた。

あれは私達が越してから、どの位たってからだったか、玉ちゃんの母親は色白で太ったおばさんだったが、松戸競輪で人穴を当て、「当たった！」と叫んで、その場で倒れ、心臓麻痺でそのまま絶命してしまった。

因みに大当たりの車券はそのドサクサの最中に失くなっていたという。

父はアパートの時代から、都内のお得意先まで自転車通勤をしていた。戦争が終わって、かつての軍需工場は一斉に農機具とかの工場に転向していた。ペンキの材料はもとより、刷毛その他の商売道具は工場へ置いてくると、間違いなく盗まれてしまうので、自転車へ積んで、この家へ移ってからも、相変わらず、自転車通勤が続いていた。

足立区には「日本火熱」という得意先があった。そこに笹崎たけし（たけしは人偏に黄）という人が居て、父は親しくしていて随分世話になった。

父は「ワタルさん」と呼んでいた。笹崎さんは元ボクサーで、戦争が終わったので、再びボクサーに返り咲くことになった。

当時人気ボクサーだったピストン堀口と闘い、引き分け以上だったらカムバックすることになった。

昭和二一年ピストン堀口と後楽園球場で、二万五千人の観客を前に笹崎さんは闘い、引き分けとなった。

私達一家が今の家へ移るちょっと前には、笹崎ジムのオーナーとなり、後進の育成につくした。葛飾のお花茶屋駅の近くに「東華製作所」という得意先があって、父は戦後間もなくからこの工場へ一番多く通ったように思う。戦後は農機具メーカーになっていた。

戦後すぐのことで、会社の方で資金繰りがつかず、手間賃代わりに、完成した農機具が支給され、父は実家をはじめ、知り合いの農家に頼みこんで買ってもらったが、これが評判となり、近隣の農家で引っ張りだこになった。実はお花茶屋には、祖父が私の将来のためにと言って四軒長屋が二棟用意してあったが、これが戦災を免れた。私は自分が住まいで苦労していたので、「大家さん」と呼ばれるのが嫌で、家賃の集金に祖父の代わりに仕方なく出かけたことが何回もあった。つらかった。

隣の玉ちゃん

柏駅を松戸方面に向けて発車する上りの蒸気機関車

近所の玉ちゃんの悲しい最期まで書く心算が、今月も紙数がつきてしまった。
父のこと、玉ちゃんのことは、また稿を改めて書かせていただくことにする。
（二〇一八年三月　連載67）

## 二五
## 花の季節に思い出す一期一会

◆

さまざまの事おもひ出す桜かな　芭蕉

今年の桜の開花時期には、寒暖はげしく入り混じって、気温の変化に悩まされた。

あまりにも寒い日が続いたので、この分では桜の開花も遅れるのではないかと思っていたが、予想に反し開花は例年より早く、さっと咲いたと思ったら、駆け足で桜の季節は通りすぎてしまった。

数年前から腰痛のため歩行が一寸つらくなり、人混みも苦手になったので、桜の花ともご無沙汰がちになってしまった。もっとも私は二月で満八三歳になってしまったのだから、「今は一〇〇歳人生！」とおだてられても、もう立派？　な年寄りになっており、元気だった若き日に思いが行くのも無理か

信州・高遠の桜　M子さん

らぬことと自嘲まじりに思っている。「痛いというのは生きているという証拠です！　痛くなくなったらおしまいですよ！」いつも口癖のようにそう話していた「九段の母」の大ヒットで知られる往年の歌手塩まさるさんの声がなつかしく甦ってくる。

塩さんとは、塩さん七〇歳の頃から親しく交流を続け、「塩まさる・武藤礼子の手づくりコンサート」で始まり、一年おきに開かれたコンサートは「塩まさる九〇歳の青春」まで続いたが、その火付け役の一人として、塩さんからは、私もたのしい思い出を沢山いただいている。

因みに塩さんは、平成一五年（二〇〇三）一〇月一六日、九五歳で彼岸に渡っている。私としては道楽のひとつだったが、お陰で多くの往年の歌手との知遇を得た。塩さんの親友だった林伊佐緒さん（「麗人草」「愛染草」「ダンスパーティーの夜」）。「人生これやな」と小指を立てて嬉しそうに笑っていたバタヤンこと田端義夫さん（「かえり船」他）。「童謡はクラシックです」そう言っていつも胸を張っていた私と同年の川田正子さん（「みかんの花咲く丘」他）。「恋をしてなくちゃだめよ」何回も私を励ましてくれた二葉あき子さん（「別れても」「水色のワルツ」他）。ひょんなことで義姉弟の盃を交わしたトンコ節の久保幸江さん。菊池章子さん、三条町子さん、池真理子さん、胡美芳さん……書き出したらキリがない。

歌の世界に限らず、気が付くと身近な親しかった人達もかなり姿を消している。

これは私自身そういう年齢にさしかかったことに他ならないと思う。生きるということは、恥をさらすことに他ならないと言った人がいたが、私自身もう充分に恥をさらして来た。

戦時下と戦後の混乱、飢餓時代に幼、少年期時代を過ごし、それ以後の世の移り変わりは凄（すさ）まじいの一語に盡きるが、どうも私は少し生きすぎたのではないかと近頃ふっと思うことがある。

さて桜の話に戻るが、もうかなり昔の話になるが、桜にどっぷり漬かった年が数年続いたことがあった。京都、奈良の吉野山、長野高遠の桜……などなど、久々に古いアルバムを取り出して、なつかしさにひたっている。

人との出会いと別れに限らず、森羅万象すべてのものとの一期一会の出会いを、桜の花は思い出させてくれる。花から教えられるその無常感をこの年齢《とし》になってみると一層身に沁みて感じさせられる。

特に会う機会を逸してしまった人達に対する思いは悔いとともに切なく胸にせまる。

たとえば「アンツルさん」こと安藤鶴夫先生のお嬢さんはる子さんとは電話と手紙で、かなり親しく交流したが、とうとうお会いする機会を逸してしまった。一度新橋演舞場の吉右衛門劇団の切符が入手したからと言ってお誘いをいただいたが、どうしても私の方で時間がとれず「いずれ又近いうちに——」と約束していたが、思いがけず訃報に接してしまった。送っていただいた数々の本やテープ、DVDを見るにつけ切なさに胸が痛んでくる。

送っていただいた中には、落語が好きだったというフランク永井さんの自演テープの落語などめずらしいものまで入っていた。

出会いと別れは人智では測り難く、所詮人生とは「運」と「縁」とで定められた道をとぼとぼ歩いて来た自分の姿を想像してしまったりする。

二十歳の頃、私は偶然手にした榛葉英治氏の「蔵王」と「誘惑者」という作品に出会い、夢中になってしまった。これも私が最も多感な年頃に偶然巡り合ったもので、小説でも映画でも、その巡り会いの時期によって、受けとる側の状態が全く変わる筈で、まさに一期一会の言葉通りである。

昭和三三年（一九五八）、「赤い雪」で第三九回の直木賞作家となった榛葉先生が、実は柏市に引っ越して来られたことを知り、図々しくお電話したことがあった。

平成五年（一九九三）頃の話である。三度目かの電話で、先生が電話口に出られた。

先生は仕事場を房総の方に持っていて普段はそちらで暮らしていることも初めて知った。「誘惑者」の話が出たが、「あんな通俗小説は忘れてください。それより『八十年現身《うつしみ》の記』というのが出版されたばかりだから、それをぜひ読んでほしい」と電話口で熱っぽく話してくれた。

大阪桜の宮造幣局の通り抜け　M子さんと

この作品は読売文学賞の候補になったが、賞はとれなかった。榛葉先生の初めての自伝だという。
数回お話してお会いする約束はしたが、これも果たせなかった。
榛葉先生は、平成一一年（一九九九）に他界している。
桜の話から又もや脱線してしまった。花との巡り会いもこれ又一期一会である。

京都・哲学の道の桜　S子さん

その頃私は仕事の打ち合わせで関西へ出かけることが多かった。京都の円山公園の近くのひっそりとした宿がすっかり気に入り、女将に頼みこんで、桜の季節特別に一週間泊まりこんだことが二年程あった。仕事の合間に、京都中の桜を堪能することが出来た。かねてより親しくしていたM子さんの方は娘さんの学校の関係で、その頃「だんじり」で有名な大阪の岸和田に住んでいた。
宿まで訪ねてくれたので、二人して、京都市内を花の姿を求めて歩きまわったりした。

後に大阪へ宿をとり、ここを起点として、奈良の桜、吉野山の桜をゆっくり見て歩くことも出来た。京都の宿の女将の気配りで「都をどり」の切符も用意してくれて、舞台の華にも酔うことが出来た。友人に紹介されたS子さんは京都育ちなので、京の町を色々案内してくれた。

桜というと忘れられないお二人である。

足が不自由になり、あんな強行軍は、もはや夢となってしまった。

嵐電に乗って桜のトンネルの通りぬけも味わった。少し後には、上七軒歌舞練場だったか「北野をどり」に出向いたこともあった。

私は東北の方の桜には出向いたことがない。弘前城の夜桜や、秋田角館の桜などは夢でしかなくなった。逆に北海道函館の桜は五稜郭の中の美術館で師の小松崎茂先生の展覧会が開かれた折丁度満開だったが、講演も頼まれていて、多忙で桜どころではなかった。

冒頭の芭蕉の句のように桜はさまざまの事を思い出させてくれる。前号まで数回、初めて連載の形をとって幼児からの思い出を綴り、高校入学まで辿りついたが、今月は一息入れて、サクラ、さくら、桜の思い出に浸ることにした。

実は先月ひょんなことから、松戸市八ヶ崎のびわ亭で、親しい人達により、私を囲む会というのが開かれた。当日は五六人もの人が集まり賑やかな会になった。私自身有難いこととたいへん感激したが、この御報告と前号掉尾《とうび》に一寸書いた「隣りの玉ちゃん」が中途半端なので、これも来月報告させていただくとして、今月は惜春賦《せきしゅんふ》とも言える桜の思い出で稿を終わらせていただくことにする。

日当たりも日陰もありて八十坂　榛葉英治

（二〇一八年四月　連載68）

## 二六

## にぎやかな「囲む会」に五六人

◆

猫の額よりもっと狭い私の家の玄関脇には、梅の古木が一本とその根元に皐月《さつき》の株が一株。柿の木が一本と、その三本がひっそりと肩を並べている。梅の木は、もう枯れてしまったのではないかと思われるほど冬の間葉が芽吹く気配とてまったく無かったが、気がつくと花も終わり、あっという間にこんもりと緑の大きな塊りになっている。

皐月は大きめの白い花を一杯に咲かせ、玄関を開く度、その見事な咲きっぷりに、心を慰められたが、その花も終わり、今は梅の木の緑と同化してしまっている。昨年すっかり丸裸にされた柿の木も、今は柿若葉が目にまぶしく五月の光の中で輝いている。

不順な季節の変貌に振りまわされながらも季節は確実に夏へと向かっているようだ。

今頃の季節を、あまり聞かない言葉だが小満《しょうまん》と言うそうで、陰暦四月の中で、太陽暦五月二一日頃にあたる——と広辞苑にあった。

暖かくなったら、蔵書の整理をと思っているうちに、今度は暑くなってしまった。

リハビリのためにデイサービスにも通っているが、相変わらず来客も多く、一週間が半分ぐらいの感じで流れてゆく。

その上先月末には義弟の葬儀があり、五月五日には孫（娘の次男）の結婚式もあったりして益々忙しい毎日を送っている。

ひょんなことから三月末には、「根本圭助を囲む会」というのが開かれることになり、八ヶ崎の「びわ亭」へ日頃親しくしている人達が集まってくれた。当初は三〇人程の集まりが予定されたが、口コミその他で結局五六人ものお人が集まってくれて賑やかな会になった。

鎌倉とか遠方から参加してくれた方も多く、「この年になって、こんなに人が集まってくれるのはなかなか無い事だよ」と出席してくれた友人、知人にも言われ、有難いことと心から感謝の一日を過ごした。おまけに当日は参加人数が多すぎてお断りせざるを得なかった他のグループもあり、また「そんなに大勢ではゆっくり話すことも出来ないから、私達は改めて別の日に集まる」というグループもあったりして、その後、親しい方達との集まりが四回程続いた。

やっと一区切りついたところで、先日集まった仲間から改めてまた集まろうという話が持ちあがり、先頃二〇人弱で行きつけの巣鴨の店をお借りして、またまた一騒ぎをした。

何とも有難いことで、私も八三歳。この集まりで

高木ブーさんを囲んで

青空うれしさん（後列右から2番目）を囲む世話人のみなさん

総合司会の高原晃さん（右）と筆者

東宝時代劇から安宅忍さn「瞼の母」の絶唱

生前葬にしてもいいなァと一人でそんな気持ちにもなった。

ところで、このシリーズ三月号で、「隣りの玉ちゃん」という思い出を書かせていただいたが、尻切れトンボに終わっていたので、数人の読者の方から玉ちゃんのその後について問い合わせをいただいた。

玉ちゃんと私は同年だったが、田舎町では目立つ存在で、恩師の小松崎茂先生のところへ原稿を取りに通ってくる編集者の中でも電車の中で彼女を見染めて、私のところへ問い合わせがあったり、集英社のSさんなどは「結婚したいから紹介してほしい」などという非常識な話まで舞いこんで、私も返事に困ったことがあった。ある日、用事で玉ちゃんの家へ行くと、彼女はいそいそと部屋を片付けて、花を飾ったりしていた。彼女はにこにこして「ユー・アー・マイ・サンシャイン」を口ずさんでいたが、私には今日は恋人が来るんだな！　と直感して、すぐ引き揚げた。

玉ちゃんの家は古材で作った大きな小屋のような家だった。想像した通り、程なく彼女は結婚したが、実家へ帰ると、よく「電話貸して！」と言って、私の家へ来ることが多かった。

駅で案内する池野忠司さん

玉ちゃんの家とは隣同士の高木さんの六人兄妹の末っ子が後のドリフターズの高木ブーちゃんで、ドリフで人気者になった高木ブーちゃんから「初恋談義」でテレビ出演を

犬童まり子さんは浅草の舞台でポルトガルのファドを歌う

頼まれたと言って私の所へ相談に来たことがあった。「主人が良い顔しないのよ」と言って、結局テレビ出演は辞退したようだった。

　昭和四二年（一九六七）の正月だったと記憶するが、玉ちゃんの家を借りていた人が酔って石油ストーブをひっくり返し、あっという間に玉ちゃんの家は焼け落ちてしまった。私の家では、前年夏に長女が生まれたばかりで、妻は火の粉が降りかかる中で、てきぱきと長女を背負い、深夜だったが、実に見事に仕度を整えた。

　後々まで私は妻に、「まったく何の役にも立たないんだから……大丈夫、大丈夫と口ばかりで、ただオロオロしていただけなんだからー頼りになんない！」とよく笑われた。

　実家が灰になってしまったので、玉ちゃんは、それ以後あまり柏へも来なくなった。

　風の噂で、新しい事業を始める資金をそっくり御主人の友人に持ち逃げされて、夫婦二人で熱海の錦ヶ浦で入水心中をしたという痛ましい話が伝わって来たのは、火事から数年後のことだった。先日の集まりには高木ブーちゃんも来てくれたので、久々に玉ちゃんの思い出話をすることが出来た。夏になると休みの日に近所の子ども達を集めて、私の家の前の原っぱで、シュミーズ姿（古いなア）のまま相撲をとっていた姐御肌の彼女の姿をなつかしく思い出している。

元日劇ミュージックホール・トップスターの小浜奈々子さん

　話をびわ亭での

会に戻すことにする。

数日前に、「二人でゆっくり話そうよ」ということで青空うれしさんが、清瀬から車で遊びに来てくれた。多くの人気歌手の司会をつとめ、とっておきのうら話をごっそり持っているうれし師匠は東京漫才界で活躍し、テレビのウイークエンダーで人気を博し、熱心な野球ファンでもあり、同年なので同じ時代の空気を吸った同志として話題はつきず、楽しい刻を過ごした。

先日のパーティの写真が届いたので、今月は写真を中心に取りあげさせていただくことにした。

それにしても、この文を書いているお陰で次から次へと思い出が連なり、往時渺茫《おうじびょうぼう》まさに夢の如しである。


（二〇一八年五月　連載69）

## 二七
## 好きになれない五月を過ぎて物思いにふける梅雨

◆

ひそかなる恋そのままに梅雨に入る　桂信子

梅雨入りを前にして、夏日のような強い暑さの日が続いた。そして梅雨に入り、今度は早くも発生した台風のせいかもしれないが、ぐーんと気温が下がり、寒い――といっていい程の日が続いている。何しろ前日と気温差が一〇度以上違うというのだから、体調管理もなかなか難しい。特に私のようなご老体にとっては、不順な天候に振り回されている感は否めない。

こうした天候不順の中で、いくつかの訃報に接した。ポロリポロリと古くからの友人、知人が姿を消してゆく。

もう何回も書いているが、私は五月という月がどうしても好きになれない。

家内をはじめ、親友が三人、私を溺愛してくれた祖父をはじめ、友人、知人、多くの人が五月に彼岸に渡っている。

本来五月という月は、桜も終わり、新緑が目にまばゆく、一年の中でもいちばん楽しい季節のはずだが、偶然とはいえ、私にとっては掛け替えのない多くの人を失っている。

作家で演出家の久世光彦さんは、五月という月を礼賛して「五月には何だか人が死なないような気がする――」と何かに書いていたが、私にとっては、この青葉若葉の季節が、たまらなく切なく悲しい月なのである。

普段は淋しいとか、悲しいとかいう思いはおよそ無縁に忙しぶって過ごしてきたが、五月になると、亡くなった人達をついつい思い出して、柄にもなくセンチメンタルな物思いにふけることが多い。

わが恋は失せぬ新樹の夜の雨　　石塚友二

そんな物思いの中で、たった一度の人生、いくつになっても人恋う心だけは持ち続けていたいと分不相応を承知で、半ば開き直って、そう思う時もあるが、相手の年齢、自分の年齢、仮に恋心をくんで気持ちを添わせてくれたところで、どれだけの残り時間があるのか。そう考えると身がすくむ思いがする。

亡くなった『風の盆恋歌』の作者・高橋治さんの著作にそんなことが書いてあったのを、ふと思い出し、久々に書棚から取り出したりしてみた。

高橋さんの書いた文には、「絶恋どころか、次第に、無恋の境に入って来ている。この空白は、一体なんとしたものだろうか」という一節もあった。

季節は異なるが、越中八尾の風の盆の夜に高橋さんと出会い、街中踊りの姿を追いながら話し合った夜更けの語らいがたまらなく懐かしい。その高橋治さんも今はいない。

今年の五月は友人二人の訃報を除いて、ほぼ何事もなく過ぎた。外はしとしと今夜も雨の音。つい話もしめっぽくなる。

話題を変えよう。先日所用で浅草へ出かけた折、久々に観音様から六区の辺りをひとまわり散策した。杖を頼りのよちよち歩きである。

戦後浅草が恋しくてよく出かけたが、その頃は小さな仮本堂の観音様だった。お堂は小さかったが、戦争からの解放感もあり、私にとって、この小さな仮本堂にどれだけ慰められたか測り知れない。

観音様の隣にあって戦災を免れた淡島堂が老朽化したので、この仮本堂が新しい堂となって、今は境

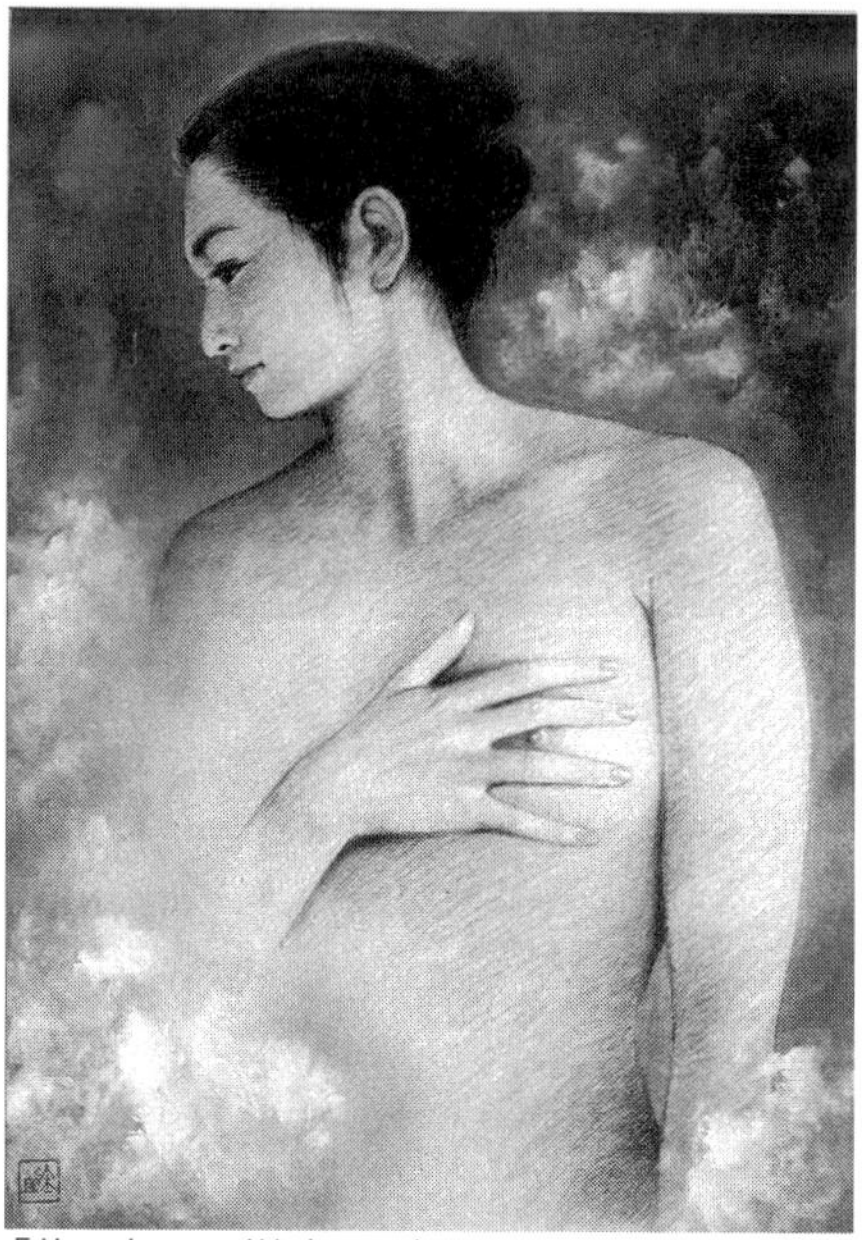

「花の中で」（筆者・画）

内の隅に鎮座ましましている。

遠い昔、祖母と観音様へお詣りした後は、必ずといっていい程、本堂の向かって左側の階段を降りて、淡島堂へお詣りした。

今は都の文化財になったとかで渡ることは禁じられている石の橋を渡り、淡島様へお詣りした。

池には供養のため放された亀が沢山群れていたが、私はこの淡島様が懐かしく、ちょうど写真のように、今の本堂の工事中に淡島様へお詣りし、恐怖（？）の体験をしたことが、急に思い出された。

その日、仮本堂へお詣りした後、裏手へまわって工事中の本堂を背に淡島様へお詣りしたが、ふと気づくと、手を合わせている私の左右にぴたりと怪しげな女が小判鮫のようにへばりつき、真後ろにも同様の女……、私はこの三人の女から逃れるのに大変な思いをした。

先日知り合いの浅草寺の寺男にその話をしたら、「今でもいるんだよ」と笑いながら、色々な話を聞かせてくれた。あの時は本当に恐ろしかった。

今の本堂の工事は昭和二六年（一九五一）に着工

しているので、その頃の話である。私としては戦後の浅草での唯一怖かった話として頭に残っている。

　そういえば、浅草のお富士さんとして知られる浅間《せんげん》神社の祭礼が今年も五月二六日と二七日の両日と六月三〇日、七月一日の両日と二回開かれている。この祭では植木市が有名で、植木が大好きだった父と二人で戦後何回か出かけている。

　父との思い出に連なる、これも懐かしい「お富士さん」である。


　六区は相変わらず、テレビの効果もあって、お笑いの浅草演芸ホールの前だけ人が群がっていた。今は人気者となってしまい、なかなかお会いできないが、つい先日久々に親しい林家木久扇さんから自作の本が送られてきた。

　少し前、演芸ホールの昼の部のトリをつとめていたが、その時は私の方で時間がなくて、お会いすることができなかった。

　浅草をひとまわりして、約束してあったガールフレンドと言っていいか、逗子のOさんと待ち合わせして、明治座の「三山ひろし歌手生活一〇周年」というショーを観に出かけ、歌声に満足して帰宅した。

　Oさんは米寿を過ぎた元気印のお姉さんである。Oさんも私も三山ひろしさんの歌声に魅せられてい

仲見世から見た浅草寺仮本堂と後ろに建設中の本堂

る同志だが、とにかく、旬の人に接するというのは実に楽しいことである。

梅雨休みの一日、耳福に酔い、浅草の一人散歩といい、盛りだくさんの一日だった。

ずっと前に描いた雨の中の下校時の子どもの絵が出てきた。気がつくと、まず番傘は今はほぼ使われていない。学生帽もほとんど今の子は被《かぶ》っていない。第一絣《かすり》の着物なんて遠い昔の遺産だし、学生鞄《かばん》や下駄の存在も今はないし、立ちションなども見られない。

ずいぶんと私たちの周囲も変わっていることに改めて驚かされる。私の経験でも、さすがに着物姿で通学した記憶なんてないが、戦時中、一人だけ着物姿のみで通学してきた生徒がいた。この生徒は後に小さな土木会社の社長になったとか。

この中で私が実体験として知っているのは、学生帽と番傘、そして下駄と学生鞄である。

学生鞄はベーゴマをする折、床《とこ》として大いに役立った。授業中、教室の後ろの方でベーゴマ遊びをし、先生から廊下に立たされたことがあった。

五月は好きになれない――と書いたが、新緑の美しさは花より勝るものと私は実感している。様々な種類の緑の層の美しさに我を忘れた経験は二度や三度どころではない。

京都の嵐山の新緑を眺めたときは、本当に我を忘れた。

今月は高橋治さんとの出会いにちょっぴり触れたが、その中から、ちょっと心に残る一文を拝借させていただいて稿を終えることにする。

「学校がえり」（筆者・画）

人間が生きて行く以上、数々の出会いは必ず人間を待ち受けている。というよりも、待ち伏せしているといった方が良いくらい、生きることとは、出会いを待つことに等しいほどである。そして、出会いは否応《いやおう》なしに、待ち受けている誘《いざな》いにつながって行く。

そして、誘いは人を思わぬ運命の中に連れ去って行く。今度はその誘いによってもたらされた運命が、人間を支配する形をとる。

運命に支配される中で、新たな陶酔が生み出されて行く

高橋治『ひと恋ひ歳時記』より

（二〇一八年六月　連載70）

# 二八

## 一四年間の連載に感謝を込めて

◆

長距離ランナー「昭和」からバトンをつないだ「平成」も早や三〇年を過ぎた。

昭和一〇年（一九三五）に生まれた私も現在八三歳。因みに生を受けた昭和一〇年から時代を八三年遡行すると、「明治」を軽く通りすぎて江戸時代の嘉永五年になる。

この年は、アメリカ東インド艦隊司令長官ペリーが、遣日使節も兼ね、アメリカ大統領の国書を持ち、軍艦（黒船）四隻を率いて出航。翌年浦賀に来航し、徳川幕府に修好通商（開国）を迫った。好むと好まざるとに拘《かかわ》らず、鎖国から開国への道が拓かれた年であった。

このように他愛ないことに思いがいくのも八三歳という年齢が近頃何かと意識の底でちらちらするた

めで、これは文字通り老いの繰り言に過ぎない。山田風太郎さんの『人間臨終図鑑』によれば、八三歳で亡くなった人は、孟子、ゲーテ、ユゴー、ビスマルク、ドガ、フロイト、正宗白鳥、古今亭志ん生（五代目）、毛沢東、伊藤大輔……という人達の名が並んでいる。それにしても世の中は変った。変わり過ぎた。一家三世代が食卓を囲んだ、かつての茶の間の情景も昔の夢物語になった。

核家族という言葉さえ死語となり平均寿命は確かに延びたが、その分独居老人の数が増えた。新聞を読まない、購読しない人が増え、活字離れで、街から本屋さんの姿が次々と消えている。今は「スマホ」「スマホ」である。

電車の中では男も女も一斉にスマホを取り出して熱心に何かをやっている。見方によっては、異様にさえ感じられる光景である。世の中が便利になり過ぎて、そうしたものに縁のない老人には、逆に住みにくい世の中になった。生まれる時も、死ぬ時も大半は病院である。だから昔のように「〇〇生誕の家」というのもこれからは無くなることと思う。少子化で、先祖代々の墓を引きつぐ人も少なくなり、「墓仕舞い」という言葉さえ生まれた。

無差別殺人など、理解しにくい凶悪犯罪も増えている。家族の絆も弱くなり、それによる事件も増えている。

何かが狂ってしまった。昔は良かったなどという言葉を口にする気は毛頭無いが、昭和の霧の彼方に、何か大事なものを忘れて来てしまったような気がしてならない。

戦後の東京の焼け跡に立った多くの人の中で、今日の大都会となった東京の姿を予見した人が何人いたことだろうか。おそらく一人としてそんな人はいなかったことと思う。しかし、得たものは大きいが、失ったものも決して小さくはない。

天皇陛下が退位されて、来年は新しい年号が誕生するという。昭和という時代が、また一段と遠くへ去ってゆく気がする。

先年、共立女子大での講演会に招ばれた。私が日頃親しくしている友人達一〇余人が「女子大のキャンパスへは入ったことが無いので同行したい」と言って来た。担当の教授へ話すと、「セキュリティがきびしいけれど身元がしっかりしていれば」と許可してくれた。

入口を入ってすぐの会場（教室）は四〇〇人まで入れるという超マンモス教室で、そこに三〇〇人を超す学生が集まり、一杯になった。大きなスクリーンが設けられ、客席（？）の後の方は勾配が上って最後尾には何人かの教授と関係者が立ったまま横に連っていた。

今まで数え切れぬ程の講演会に招かれてきたが、今回が一番疲れた。これまでの講演会では聴衆の求める話題がしっかり把握出来たが、何しろ今回は平成生まれ、平成育ちのお嬢さんばかりである。手塚治虫——知らない。鉄腕アトム——知らない。

スクリーンに写るテレビキャラクターにしても学生達は知らないものが多いようで、講演後に送られて来た学生達の感想文やアンケートから、逆に私は色々と教えられた。いつもは話がはずんで、帰宅してから、「また知ったか振りをしてしまった」と自己嫌悪になるのが常だが、この日は完全に打ちのめされたような気分になった。「時代には勝てない。も早や私達の時代は終わったんだ！」色々教えこまれた一日だった。「人間は青年で完成し、老いるに従って未完成になってゆき、死に至って無になるもの」何かで読んだことがある。

ところで、昭和から平成へ移る頃、上野不忍池々畔にある台東区立下町風俗資料館で、「東京の戦後展」という企画展が開かれた。大好評だった。その折に私は初代館長の松本和也さんと親しくなり、それ以来、館の企画展のポスターはすべて私が手がけるようになった。それは松本さんが館を離れるまで続いた。

何でも小沢昭一さんがこの一連のポスターを大変気に入ってくれたそうで、松本さんが嬉しそうに私に話してくれた。台東区の教育委員会に籍を置く松本さんは、口語俳句の俳人としても知られ、ユニークなお人柄の人だった。

雑誌その他でポートレートを撮られる時は、一見ホームレス風な写真を撮り、それが私の家へ来る時は、バリっとした紫色の背広姿で現れ、私は度肝をぬかれた。

松本さんのことは、本シリーズで詳述したことがあるので、ここでは省かせていただくが、とにかく、戦後の東京への思いをドロドロとマグマのようにそのまま内包し、シャイでユニークなお人だった。その頃私は新松戸へ開館する「昭和ロマン館」の開館準備に追われていたが、このポスターの仕事は本当に楽しかった。

そして、本紙のこのシリーズは平成一六年（二〇〇四）五月九日から編集部の戸田さんに口説かれて連載をはじめた。途中一寸休んだこともあったが、単純計算で一四年も続けてしまった。

物事にはすべて潮時というものがある筈なのに、恩師小松崎茂先生の生涯から始まり、老人の戯言《たわごと》とでも言おうか私自身の思い出話を綴って、あっという間の一四年間だった。前半は分厚い単行本になり出版されている。

優柔不断で、だらしない私自身の思い出は実はまだまだ終わっていないが、この辺りで、一区切りつけることになった。

恩師小松崎茂先生のことを書いた『異能の画家小松崎茂』（光人社刊）を熟読して下さった多くのファンもいて、劇作家の岡崎柾男氏の手で一人芝居用の戯曲も完成したが、演ずる筈の野田市の梅田宏さんが多忙すぎて時を逸してしまった。更には松竹で映画化の話も持ちあがり、私はひとり有頂天になった。

実は『週刊現代』（七月一四日号）に映画監督橋口亮輔さんの「わが人生最高の一〇冊」という記事があり、私の『異能の画家　小松崎茂』がその一〇冊の中に入っていた。

橋口監督は、『二十才の微熱』（ブルーリボン賞・新人監督賞）、『渚のシンドバッド』（ロッテルダム映画祭グランプリ他）、『ハッシュ！』（キネマ旬報最優秀主演女優賞他）、『ぐるりのこと。』（第三二回日本アカデミー賞最優秀主演女優賞他）などで知られる。

『ぐるりのこと。』では木村多江さんに数多くの女優賞を、リリー・フランキーさんには新人賞をもた

筆者が描いた台東区立下町風俗資料館のポスターの一部

筆者の自宅を訪れた橋口亮輔監督

らした。このすばらしい橋口監督が私の著作を気に入ってくれて、映画化の話を持って来てくれたが、これも足踏み段階となっている。しかし「わが人生最高の一〇冊」に加えていただいているだけでも、私は著者として大変嬉しく思っている。

　本シリーズの連載では、札幌の方まで読者層をひろげ、言葉では言いつくせぬ程お世話になった東京北区にお住まいの黒須路子さん、相模原市の高原晃さん、その他色々励ましてくださった多くの皆様に、長かったような短かったような一四年間のお礼を衷心より申しあげて、筆を擱くことにする。

昭和っ子の私にとって、原稿を書いている時は、まさに昭和恋々至福の時だった。

一たび生《しょう》を受け、滅せぬもののあるべきか

幸若舞「敦盛」

長いこと本当にありがとうございました。

おしまい。

（二〇一八年七月　連載71・最終回）

◆掲載作品　作家一覧

伊藤　展安（いとう　てんあん）

上田　信（うえだ　しん）

大西　將美（おおにし　まさみ）

小松崎　茂（こまつざき　しげる）

関口　猪一郎（せきぐち　いのいちろう）

髙荷　義之（たかに　よしゆき）

堂　昌一（どう　しょういち）

長岡　美好（ながおか　みよし）

中島　章作（なかじま　しょうさく）

中村　信生（なかむら　のぶお）

根本　圭助（ねもと　けいすけ）

南村　喬之（みなみむら　たかし）

森熊　猛（もりくま　たけし）

◆昭和史解説文

篠原　啓介（しのはら　けいすけ）

※五〇音順　敬称略

**根本 圭助（ねもと　けいすけ）**

昭和10年（1935）、東京都荒川区生まれ。昭和20年空襲の劫火に追われ千葉県柏町（市）に疎開。昭和28年4月より同郷出身の画家小松崎茂に師事。TVキャラクターを使った絵本やグッズのイラストで幅広く活躍。その分野の草分け的存在となる。

その後、往年の挿絵などを常設展示する「昭和ロマン館」館長を務めた。現在は昭和の出版物に囲まれ、講演や出版で忙しく余生を送っている。

主な著書に「異能の画家小松崎茂」（光人社）、「ロマンとの遭遇」（国書刊行会）、「小松崎茂の世界①②」（学研）、「昭和天皇画帳」（ノーベル書房）、「パンドラの筺」（人類文化社）、「昭和の東京」（ちくま文庫）、「年賀状にみる小さな美術館」（北辰堂出版）、「忘れ得ぬ人々　思い出の風景」（同）など多数。

一般社団法人日本出版美術家連盟名誉会員。


協力　松戸よみうり新聞社　戸田 照朗

装幀　飯田 ツトム





昭和ノスタルジー　スケッチ・イラストで紡ぐ「昭和」メモリー

2022年 4月 29日　初版 第1刷発行

編著者　根本 圭助

発行者　廣岡 一昭

発行所　合同会社 旅と思索社

東京都文京区湯島 2-5-6

電話 03-4400-8646（代表）

https://tabitoshisaku.co.jp/

ISBN978-4-908309-09-0

印刷・製本　シナノ印刷株式会社